유기적 평신도 교회

진 에드워드

박 인 천 옮김

유기적 평신도 교회

지은이	진 에드워드 Gene Edwards
옮긴이	박 인 천
초판	2020년 4월 18일
펴낸이	배용하
책임편집	배용하
등록	제364-2008-000013호
펴낸곳	도서출판 대장간
	www.daejanggan.org
등록한곳	충남 논산시 매죽헌로 1176번길 8-54, 101호
대표전화	전화 041-742-1424 전송 0303-0959-1424
분류	기독교 | 교회개척 | 교회사
ISBN	978-89-7071-517-9 03230
CIP제어번호	CIP2020014101

이 책의 한국어판 저작권은 Gene Edwards와 독점계약한 대장간에 있습니다.
기록된 형태의 허락 없이는 무단 전재와 복제를 금합니다.

 값 10,000원

유기적 평신도 교회 ●●차례

2부 ● 오직 평신도들이 교회를 이끌 때

1부●유기적인 교회 대(對) 신약성경적인 교회

우리가 좀처럼 다루려 하지 않는 주제이지만,
하나는 생명이고 하나는 죽음이다

1. 머리말

전 세계는 신약성경적인 교회 또는 유기적인 교회, 둘 중 하나를 갈망한다. 하지만 어느 것을 … ? 그 두 교회의 차이점은 생명과 죽음을 오간다.

나는 그리스도인이 되기 전부터 이런 말들을 들으며 자랐다.

"우리는 신약성경적인 교회가 되어야 해요" 그리고/또는
"우리는 신약성경적인 교회로 돌아갈 필요가 있어요."

우리들 대부분이 이 말에 동의하지 않을까?
그렇다면 한번 보자 … .

2. 명백한 사실과 대면하겠는가?

사실부터 말하자면, 신약성경 안에조차 신약성경적인 교회는 존재하지 않는다! 신약성경은 A.D. 30년-A.D. 70년 사이 존재했던 여러 교회들의 유기적 경험들을 한 편의 이야기로 기록하고 있다. 그 안에 존재하는 약 12개 정도의 1세기 교회들에 대한 자료를 우리가 확보한 셈이다. 이 에클레시아들은 서로가 달랐고 모두 살아있는 생물처럼 기능했던 교회들이다. 이 교회와 똑같은 교회들을 우리가 인위적으로 만들어낼 수는 없다. 그러나 우리가 하고자 한다면, 유기적인 몸으로써의 교회, 살아 숨 쉬는 처녀로서의 교회, 바로 그 특성을 지닌 에클레시아를 우리 시대에 목격하게 될지도 모른다.

신약성경에 나오는 구절들을 여기저기서 뽑아내 짜깁기 하는 방식으로 에클레시아의 복원을 꾀하려 한다면 우리의 노력은 수포로 돌아갈 것이다. 그러나 1세기 교회들이 그날그날 걸어갔던 삶을 연대기적으로 추적한다면 우리는 머잖아 그녀의 모습을 찾아낼지도 모른다.

과연 우리 시대에 이 책(신약성경)을 이해하는 사람이 있을까 싶다. 하지만 그럴 수 있다면 그 사람이야말로 그 속에 숨겨진 한 폭의 그림을 다음 세대에 계시하는 주역이 될 것이다.

3. 이 모임이 정말 그 모임인가?

헬라어 에클레시아를 우리는 종종 '모이는 것'으로 번역한다. 하지만 무엇이 모인다는 말인가? 예수 그리스도의 신체 부위들이 함께 모이는 것을 말한다. 그 분의 머리와 그 분의 나머지 여러 신체 부위들이 한 몸을 이루는 것이다. 결혼이라는 조건 안에서 남자 한 사람과 여자 한 사람, 즉 두 사람이 한 사람으로 연합되는 장면을 연상해 보면 된다.

이 처녀, 에클레시아의 유기적인 기능 중 한 영역을 몸에서 분리해내는 것은 거의 불가능한 일이다. 유기적인 기능은 그녀의 본성에 속하기 때문이다. 우리가 1세기 교회로 돌아간다는 말은 바로 그녀의 유기적인 기능으로 돌아가는 것을 의미한다.

바로 이 "생물학적인 특성"을 무시하고 문맥과 상관없이 뽑아낸 성경구절들에 온 힘을 기울이는 사람들이 있다. 그들 속에 잠시 숨어 들어가 그들이 하는 말을 들어보자. 이 사람들의 사고방식은 이렇다.

"신약성경에서처럼 우리에게도 기적이 필요합니다. 신약성경에 나오는 교회들은 분명 집사와 장로들이 있었습니다. 예언자들도 존재해야 합니다. 모임 안에서 여인들은 잠잠해야 합니다. 우리는 가정에서 모여야 할 것입니다."

그리고 자신들이 뽑아낸 이 신약성경적인 요소들을 추종할 사람들을 불러 모은 다음, "우리는 이제 신약성경적인 모임을 갖게 되었습니다."라고 선포하는 식이다.

그렇지 않다. 그렇게 뽑아낸 요소들을 모임 속에 집어넣어 신약성경적인 교회를 세우는 것은 프랑켄슈타인[1]을 감동시킬지는 몰라도 그것으로 신약성경적인 교회를 세울 수는 없다. 그들이 저지른 결정적인 실수는 그들이 뽑아낸 그 성경구절들이 문맥에서 떨어져 나와 이미 생명을 잃은 말씀들이기 때문이다. 이런 접근방식으로 살아있는 생명체를 만들어낼 수는 없다. 가정교회 운동에 참여하는 사람들이 신약성경적인 교회를 회복한다며 가정에 둘러앉았을 때, 그보다 더 무미건조하고 어색한 모임은 세상에 찾아보기 힘들 것이다. "신약성경적인 교회"라고 그들이 주장하는 그 모임은 그들이 이전에 출석하던 주일오전 11시 예배만큼이나 따분하기 짝이 없다.

각각 살아있는 신체 부위들이 한 몸으로 모여 서로 기능한다는 개념… 생물학을 대체할 만한 개념은 아무것도 없다.

---

1) 소설 속의 인물. 빅토르라는 신비학도가 시체조각을 조합하여 생명을 불어넣지만 결국 그 괴물에 의하여 목숨을 잃게 됨. 역주.

4. 생명체의 유전적 특징

아기는 점차 자란다. 그리고 에클레시아도 그렇게 자란다.

'신약성경적인 교회' 같은 건 애초 존재하지 않는다. 하지만 여럿이 한 몸으로 합쳐진 한 처녀, 그리스도의 신부는 존재한다. 그녀는 살아있는 생물이다. 그래서 유전의 법칙을 따를 수밖에 없다. 유전적 특징 안에는 중단되지 않고 다음 세대로 이어지는 하나의 패턴이 존재한다. 그 말은 그녀가 살아나갈 삶, 그녀의 본성, 그녀의 표현방식들이 이미 그녀 안에 새겨져 있다는 의미이다. 이 아름다운 여인을 소생시킬 유일한 방법은 그녀에게 그녀의 본성대로 살아갈 기회를 주는 것뿐이다. 그렇게만 해주면 그녀는 스스로 본성을 되찾아 살아난다.

우리에겐 두 가지 선택만이 존재한다. 죽은 몸을 부둥켜안고 있든지, 에클레시아의 유전자를 소유하든지!

아기의 유전자! 인간줄기세포! 어머니의 자궁 안에서 조성되고 있는 한 인간을 떠올려보라. 아기가 생겼을 때 그 부모는 장차 그 아기가 소유하게 될 한 개의 코, 두 개의 귀, 두 개의 눈, 열 개의 손가락과 열 개의 발가락을 위해 조바심하며 기도하지 않는다. 아기의 신체한 부분 한 부분에 대해 조바심하지 않는 것은 그 아기 안에 한 인간이 되기 위해 필요한 모든 요소들이 이미 내재되어 있음을 알기 때문이다. 그 아기는 인간이 되기에 필요한 독특한 생물학적 특성, 즉 바꾸거나 중단시킬 수 없는 그 본성에 의해 성장한다. 그 아기가 발가락과 손가락, 눈과 귀를 가지고 사람처럼 보이는 것에 대해 누구도 놀라지 않는다. 단지 작을 뿐!

그리스도의 신부 역시 마찬가지다. 그녀는 살아있는 생물이다. 생물이 태어나듯이 그녀 역시 어느 날 태어난다. 그리고 그녀, 에클레시아에게 있어야 할 모든 요소들을 유기적으로 갖출 때까지 그녀는 계속해서 자란다. 사람들이 그녀의 유기적 성장을 가로막지만 않는다면 말이다! 신약성경의 모든 사건들이 연대기적으로 이어진 "이야기"속에서, 우리는 그녀가 어떻게 태어나 어떻게 성장하고 어떻게 그 유기적인 기능들을 발견해 나가는지 확인할 수 있다.

우리는 지금 검시관의 과학수사[2]에 반대하여 생물학을 두둔하고 있는 중이다.

인간의 다양한 신체부위를 한 가운데 뭉쳐놓고 "여기 아기가 있다."라고 선언하는 장면이 끔찍하다면, 신약성경적인 교회요소들을 뽑아내 "이것이 신약성경적인 교회다."라고 선언하는 것 역시 똑같이 끔찍한 일이다. 그들은 과거의 한 사건에 대한 신약성경구절을 뽑아낸 후 그것에 다른 여러 구절들을 덧붙인 다음 선언한다. "우리가 지금 하는 것은 오래전 오순절 성령강림 때에 세워졌던 그 교회들이 하던 바로 그 일입니다." 이런! 그 에클레시아들은 그들 각자가 경험했던 출산의 흔적을 가지고 있고 그 후 긴 성장과정을 겪었다. 그리

---

2) 문맥과 상관없이 뽑아내 해부해 놓은 신약성경구절. 역주.

고 그 모든 과정을 견인한 분은 오직 성령이셨다. 그러나 신약성경적인 교회를 주장하는 사람들은 탄생도 성장과정도 성령의 견인도 건너뛰고 있는 것이다.

5. 스스로 기능하는 교회

1세기 교회의 본질이 우리의 가슴으로 이해되기까진 많은 시간이 걸릴 것이다. 그러나 지금도 세상 어디에선가는 매일같이 유기적인 교회들이 자연발생적으로 태어나고 있다. 그리고 태어나는 그 숫자만큼 그들은 소멸 당한다. 바로 "신약성경적인 교회"를 주장하는 사람들에 의해! 실제로는 전혀 성경적이지 않지만 그럼에도 자신들의 교회가 신약성경적인 교회라고 확신하는 이 사람들은 새로 태어나는 이 교회들을 "성경적인 교회"로 만든다는 명목으로 그녀의 본성을 억압하고 유전자를 변형시키며 순수성을 제거하고 그녀 안에 타고난 자발성과 순전함을 죽이고 있다.

신약성경에 관련구절이 있다는 근거로 당신은 집사들을 세울 수도 있고 장로들을 세울 수도 있다. 성경을 보는 당신의 관점에 따라 무슨 구절이든 인용할 수도 있고 덧붙일 수도 있고 그 구절들을 끌어모아 하나로 연결할 수도 있다. 그렇더라도 당신이 1세기 교회의 생명을 그 안에 넣어주진 못한다.

사랑하는 독자들이여. 그러나 바로 이것이 "신약성경적인 교회"를 세웠다고 주장하는 사람들이 지금까지 해오는 일이다. 신약성경적인 요소를 뽑아내고 신약성경에 나오는 모든 명칭을 사용하고 그 안에 소개되는 모든 활동을 펼치더라도 그 '생명'만큼은 끌어올 수 없는 것이다.

생명은 생물학에 속한 영역이고 그런 시도들은 "생물학적"으로 불가능한 일이다. 모든 신약성경적인 요소들을 다 모아놓아도 그것은 결국 프랑켄슈타인이 소유했던 것들일 뿐-시신들의 조합-거기에 생명을 부여할 방법은 존재하지 않는다. 우리가 매달리는 성경공부로는 그것이 어떤 형태든 생명을 끌어올 수 없다. 성경공부를 통해 어떤 사실을 발견했다고 해서 그것을 오늘 우리들이 하는 일과 동일하다고 말할 수는 없다. 그러한 시도는 생물학적인 법칙을 거스르는 것이다. 생명은 생물학과 관련된 것이다. 어떤 생명체가 가지고 있는 독특한 유전자는 생물학의 영역이다. 그리스도의 신부 역시 생물학적인 개념이다. 그녀가 살아있는 생물이기 때문이다. 덧붙여 꼭 알아두길 바란다. 교회는 살아있는 인격체일 뿐만 아니라 그 안에 태생적으로 내재된 신성한 유전자가 있다.

성경을 보고 어떤 교훈을 얻게 될 경우, 우리는 그것을 신약성경적인 관행이라고 가르치고 설교한다.

그러나 하나님의 신성, 그분의 생명, 그분의 신(神)적인 경향, 그분의 유전자가 그리스도의 신부에게로 흘러들어가는 장면을 연상해 보라. 그다음 우리가 신약성경적이라고 가르치는 그 "교훈"과 신부에게로 흘러들어가는 그 "생명"을 나란히 놓아보라. 하나는 "교훈"이고 하나는 "생명"이다! 우리가 행할 일은 우주에서 가장 높은 생명, 그 분의 유전자를 다루는 일이지 "교훈"을 다루는 일이 아니다.

생명만이 생명을 낳을 수 있다. 교회가 교회될 수 있는 유일한 방법은 그녀 에클레시아의 유전자대로 성장하는 것이다. 그녀 스스로가 그녀의 갈 길을 알고 있다! 그녀를 놔두라. 그녀 옆에 다만 그녀의 양식을 놓아두라. 그녀의 양식으로는 그리스도 한 분과 넉넉한 기다림이면 충분하다. 그렇게 하면 에클레시아인 그녀는 에클레시아로 자랄 수밖에 없다!

일단 에클레시아가 되면 교회는 그녀 자신의 독특한 유전자를 따라 그녀에게 필요한 모든 생존 수단들을 갖게 되고 결국 이 세상이 그토록 고대하는 바로 그 존재, 즉 그리스도의 배우자가 되어 그 분과 살아있는 대화를 나누기 시작할 것이다.

유기적인 몸을 이룬 신자공동체에서 스스로 배출하는 장로들을 본 적이 있는가? 그녀 안에 내재된 유전적인 활동으로 태어나는 교회개척자와 복음전도자를 경험한 경우는? 다시 말하면, 그리스도의 신부가 살아나기 위해선 거룩한 생명에 의해 신자들이 한 몸을 이루는 방법밖에 다른 길이 없다는 말이다. 태아의 몸이 스스로 코를 만들어내는 것만큼이나 분명하게 유기적으로 기능하는 교회들은 자발적으로 장로나 또 다른 눈, 코, 입 등을 만들어낸다.3) 누군가에 의해 '관리'되지 않고 홀로 남겨졌을 때 그녀는 자라고 또한 생산한다. 아니 그때서야 비로소 그녀는 에클레시아가 된다. 그러나 그녀를 홀로 두기 전까지 이런 일은 결코 일어나지 않는다.

---

3) 목사나 장로회와 같은 조직에 의해 선출되는 것이 아니라. 역주.

6. 유기적인 교회와 바울의 사역방식

　신약성경적인 교회를 배우기 위해 성경구절들을 오리고 붙이는 대신 바로 그 신약성경적인 교회를 직접 세웠던 바울의 방식에 더 많은 관심을 기울였더라면 어땠을까? 바울은 교회를 세울 때마다 한 가지 방식을 따랐고, 그렇게 세워진 교회에선 그때마다 살아있는 한 소녀가 걸어 나왔다.

　바울다운 방식이란 무엇인가? 그는 교회를 세우고 한동안 그 교회를 도운 다음, 그 교회를 그녀 자신에게 위임한 후 그곳을 떠났다. (우리 시대의 눈으로 볼 때 이 사람의 방식은 얼마나 낯선 광경인가!) 신약성경적인 교회를 세운다고 말하면서 바울의 방식을 따르지 않는다면 당신과 나, 그 외 누구일지라도 유기적인 교회를 사모하는 그의 진정성을 의심받게 될 것이다. 어떤 교회가 영적으로 잘 준비되어 있다면 (즉 그녀가 그리스도 중심적인 처녀라면, 다시 말해, 그 교회가 그리스도를 경험하되 한 '몸'으로 경험하며 그것이 그들의 가장 큰 기쁨으로 존재하고 있다면) 그녀는 조금씩 바울이 세웠던 초기 교회들의 생명을 소유하기 시작할 것이다. 또한 오늘 우리들이 그토록 사모하지만 웬만한 노력으로는 만질 수도 없는 그 에클레시아의 성질을 조금씩 드러내기 시작할 것이다. 물론 오늘 우리들에게도 내세울 만한 것이 있기는 하다. 우리 시대가 만들어낸 자랑스러운 존재가 있는데 바로 목사이다. 이 목사에 의해 침묵하는 평신도들이 대량으로 생산되었고 그 결과 목사는 교회의 모든 짐을 홀로 짊어지게 되었다. 그러나 이것은 유기적인 교회를 심었던 바울의 방식과는 너무 멀리 떨어진 방식이다.

결국 우리는 생물학적인 방법을 따를 것인가 프랑켄슈타인을 따를 것인가의 문제 앞에 서 있다.

루드빅 프랑켄슈타인의 방법을 포기한다면 그리스도의 몸에 내재된 그 본성이 자연스럽게 표출될 것이지만, 사람이 만든 교리를 붙들고 고집 부린다면 신령한 생명에 의해 태어나고 또 성장하는 그리스도의 신부를 만나는 일은 없을 것이다.

결과적으로 이 모든 것들은, "평신도라고 불리는 사람들의 손에 에클레시아를 위임할 믿음이 있는가?"라는 한 질문으로 응축된다. 이 질문에 대한 지난 여러 세대들의 대답은 명확하다. 그들(목사들)은 하나님의 백성을 믿지 못한다.[4] 그들이 이런 관점에서 벗어나지 못하는 이유는 오늘날 목사들이 "신약성경"이 증언하는 바로 그 인물이라고 생각하고 있고, 그저 듣기만 하는 신자들의 모습 또한 "신약성경" 속의 신자들과 일치한다고 믿기 때문이다. 그리고 이 잘못된 그들의 믿음은 문맥과 상관없이 뽑아낸 성경구절들의 오역에 근거

---

4) 성직자들의 눈에 하나님의 백성이란 뭔가 부족해서 끊임없이 '교육'시켜야 할 대상인 동시에 '그들만' 방치할 경우 반드시 '문제'를 일으키거나 '빗나갈 수 있는 존재'이기 때문에 끊임없는 '관리'가 필요한 대상이다. 그러나 생각해보라. 그 중단 없는 '교육'과 '관리'를 받아온 교회의 현 모습을! 만약 … 만약 … ! 에클레시아가 성직자들의 '교육'과 '관리'에서 벗어나 지금까지 에클레시아 자체의 손에 위임되어 왔더라면 우리가 지금 목격하는 이 현실보다 더 비참한 모습을 하고 있을까?! 역주.

하고 있다.

바울이 이방인 지역에 세웠던 모든 교회들은 예외 없이 홀로 남겨졌고 홀로 남겨진 하나님의 백성들은 오롯이 살아남아 그들만의 그리스도를 표현하는 한편 그들만의 독특한 에클레시아의 특징을 드러내었다.

이제 눈을 크게 뜨고 에베소서에서 벌어진 일들을 살펴보자.(사실 에베소서는 골로새후서라는 이름이 붙어야 마땅한 바울서신이다. A.D. 4백년까지, 이 편지는 에베소서로, 즉 에베소에 보내진 편지로 여겨지지 않았다. 그것은 후대에 잘못 붙여진 이름이다.) 에베소서 엔, 지난 150년 동안 수많은 사람들의 입에 오르내린 "5중 은사"라는 본문이 있다. 이제 이 본문에 대한 이해는 영원히 바뀌어야 한다.

감히 그 신성한 본문에 도전해보자!

7. 소아시아 동쪽의 한 작은 마을

에베소서는 본래 에베소교회에 보낸 편지가 아니었다. 바울은 이 서신을 골로새교회를 위해 작성하였다. 이 사실 하나가 모든 상황을 바꾸어버릴 수 있다. 골로새교회는 '빌레몬'이라 불리는 한 점잖은 신사의 집에 모이던 조그만 에클레시아였다. 그리고 바울은 바로 이 사람들을 위해 편지를 쓴 것이다. 이들이 함께 모이던 골로새 지역은 대도시가 아니었다. 에베소에서 동쪽으로 약 90마일 떨어진 조그만 시골마을이었다.

오늘날 당신이 떠올리는 복음전도자란 누구인가! 전 세계를 누비며 말씀을 전하는 사람 아닌가! 대도시 광장에나 어울릴만한 그 굉장한 사람을 이 외진 시골마을 가정집 거실에 집어넣어보라!

복음전도자 뿐만이 아니다. "5중 은사" 중의 나머지 네 "직분"도 마찬가지로 이 빌레몬의 거실에서 걸어 나와야 한다. 당신이 생각하기에 이 상황이 도무지 어울리지 않는다면 당신은 5중 은사에 대한 정의를 다시 내려야 한다. 에베소서(사실은 골로새서)의 5중 사역을 읽으면서 그동안 당신이 떠올렸던 복음전도자는 분명 전 세계를 오가는 비범한 사람이었을 것이고, 국제적으로 유명한 성경학자였을 것이며(교사), 탁월한 언변을 가진 설교자(목사)였을 것이다. 이 대단한 사람들 모두가 외진 벽촌의 시골집, 빌레몬의 가정집에 앉아 있어야 한다!

그들은 오늘날 우리가 생각하는 그런 사람들이 아니었다. 복음전 도자는 에클레시아 안의 평범한 형제 중 하나였다. 빌레몬의 가정집 거실에 앉아있던 거의 모든 사람들이 글을 읽지 못했으니 "교사" 역시 오늘 우리가 생각하는 그런 성경교사가 아니다!

조금 더 깊게 들어가 보시겠는가?

골로새교회를 세운 사람은 바로 이 골로새 출신의 젊은이, 에바브라였다. 그러나 그는 이 편지의 수신자가 아니다. 그는 지금 이곳에 없다. 이탈리아 로마의 바울 곁에 있다. 그리고 그곳에서 그는 병들어 누워있다. 어쨌든 에바브라는 골로새교회를 세운 후 골로새교회를 떠나 다른 곳에 머물고 있는 것이다. 훌륭한 교회개척자라면 의당 그러했던 것처럼! 에베소서라는 이름이 붙었지만 사실은 골로새교회에 보내진 이 편지는 이 교회를 일으켜 세웠던 에바브라가 직접 로마에서 골로새교회로 가져갈 계획이었다. 하지만 그는 지금 여행을 감당할 수 없을 만큼 심하게 앓아누웠고 할 수 없이 바울은 '두기고'라 불리는 다른 교회개척자를 통해 이 편지를 전달하도록 조치하였다. 두기고는 골로새 출신이 아니었지만 같은 소아시아 지역에서 나고 자랐기 때문에 골로새 신자들이 사용하는 언어를 구사할 수 있었다. 마침내 그는 바울의 편지를 들고 소아시아를 거쳐 골로새에 도착했고 모든 신자들 앞에서 편지를 낭독했다. 당신이 5중 은사(혹은 5중 사역, 5중 직분)라고 불리는 이 본문을 읽을 때마다 이 사실을 명심하기 바란다!

에베소서에서 언급되는 이 본문을 벽돌삼아 오늘날의 사람들은 거대한 탑을 쌓아왔고 이 거대한 탑이 조그만 산골마을 골로새에 세워졌던 것이다. 이 편지를 받았던 골로새지역 에클레시아의 입장에서 5중 은사에 대한 오늘 우리들의 비약적인 해석을 적용해보라! 도무지 현실성이 없다. 이 5중 직분에 대한 오늘날의 논의들을 들으며 당신은 그 직분에 거론되는 교회개척자(사도), 예언자, 복음전도자, 교사와 목사들을 거의 교황정도의 위치에 오른 이들로 연상했을 것이다. 그러나 실제로 그 5중 은사자들은 생계를 위해 몇 마리의 양을 키우며 외진 시골마을, 빌레몬의 가정집 거실에 둘러앉았던 신자들 중에서 조용히 자신의 역할을 담당하던 평범한 형제 중 하나였다. (이 모임에서, 오늘날 당신이 생각하는 그 목사 혹은 사제가 가운을 입고 성직을 수행하고, 당신이 생각하는 그 예언자가 신비한 예언활동을 하며, 당신이 생각하는 그 성경공부 지도자가 성경을 가르치며, 당신이 연상하는 그 사도가 사도의 직무를 감당한다고 생각해보라! 열 서너 명, 많게는 이삼십 명에 불과했을 그 모임에서 말이다! - 역주)

우리가 배워왔던 5중 은사에 대한 가르침들이 한편의 코믹드라마 같지 않은가? 무엇보다 5중 직분자들에 대한 우리들의 과도한 환상이 깨어져나간다. (기독교 공동체에 대한 실체를 접한 적 없는 오늘날의 교회들은 이런 드라마를 필요로 할지도 모른다.)

그동안 5중 은사를 "특별한 직분"으로 정의해 왔던 현대 그리스도인들의 정서에 이 골로새의 실제적 이야기가 심히 거슬릴지도 모른다. 그러나 은사라는 것은 그 은사를 받은 사람을 특별한 존재로 만들어주지 않는다. 이 분명한 사실과 마주할 때 은사에 담겨진 모든 수수께끼들은 저절로 풀릴 것이다. 그렇지 않겠는가?

8. 유기적인 교회 안에서의 은사

내가 신학교에 들어간 첫 주에 했던 일 중 하나는 신약성경에 나오는 주요 용어들을 정의해놓은 '신약용어사전'을 읽는 것이었다. 주로 예언자, 장로, 치유자, 목회자, 집사, 복음전도자 등과 같은 용어들이 차례대로 설명되어있는 사전이었다.

그러나 유기적 에클레시아를 경험하면서 그 신약성경 용어들의 의미가 전혀 새로운 차원으로 정의될 수 있음을 알게 되었다. 유기적인 교회 안에서 정의되는 그 신약성경 용어들은 훨씬 더 거부감이 없고, 실제적이며, 인간적이고, 믿을만하며, 실현가능한 것들로 다가왔다. 유기적인 에클레시아 안에서 은사를 가진 형제와 자매들은 기독교텔레비전에 나오는 사람들처럼 그렇게 수려해 보이지 않는다. 그들의 은사는 개인이 소유한 어떤 특별한 재능이라기보다는 교회 전체 안에서 이뤄지는 생활의 일부이다. 지역교회는 본질적으로 그 지역의 특징을 반영한다. 은사를 받은 사람 역시 그렇다. 그들은 그 지역교회가 배출한 사람들이고 당혹스러울 만큼 평범한 사람들이다. 그들은 결코 비범한 능력을 가진 사람들이 아니다. 그리스도의 몸이 움직일 때 오직 그 안에서 그 움직임을 돕는 사람들이다. 무엇보다도 그들은 그 모임 안에서 점차적으로 성장해온 사람들이다.

당신이 유기적인 교회에서 생활하게 된다면 그 몸이 자랄수록 몸에 속한 눈, 발가락, 손가락 등의 기능들이 발전하는 것을 목격하게 될 것이다. 장로, 복음전도자, 예언자 등의 직분들도 그와 같이 자연스럽게 출현하는 몸의 한 기능임을 당신이 경험할 때 그동안 그러한 은사와 직분들에 덧입혀진 정의들이 모조리 변해야 한다는 사실을 깨달으며 깜짝 놀라게 될 것이다.

은사에 대한 우리들의 그 과장된 정의들은 너무 오랜 시간동안의 그릇된 인식이 빚어낸 결과들이다.

은사와 직분들, 그리고 그것을 담당한 사람들이 건강한 에클레시아에서 성장할 때 그것은 전혀 특별한 기능으로 여겨지지도 않는다. 같은 지역에서 나고 자란 평범한 신자들 중의 한 형제가 에클레시아의 어떤 기능을 맡았다고 해서 그가 어느 날 특별한 사람으로 여겨질 까닭은 전혀 없는 것이다. "은사를 받은 형제들" 모두가, 전체 신자들이 보는 앞에서 성장한다. 그들의 실수와 연약함, 일상 등이 전체 에클레시아의 눈에 노출된다. 이런 환경이야말로 은사자들이 "특별히 선택받은 신비한 사람들"로 인식될 위험에서 그들을 구해내게 된다. (이와 같이 안정적인 환경에서는 장로 또는 여타의 은사와 직분을 맡은 사람들이 다만 옆집에 사는 따뜻한 형제로 여겨질 뿐이다.)

"오중 은사를 꼭 회복할 필요가 있을까?"라는 말을 자주 듣는다. 그렇다. "오중 은사" 혹은 "오중 사역" "오중 직분"이 우리에게 절실한 것은 아니다. 우리에게 정작 절실한 것은 "교회생활"이다. 은사와 직분들은 이 교회생활에서 유기적으로 드러날 수밖에 없는 부수적인 기능들이다. 이 교회생활은 목사중심적인, 장로중심적인, 아니면 어떤 특별한 리더십 중심적인 교회생활을 의미하지 않는다. 여기서의 교회생활은 그리스도 중심적인 교회생활, 강력한 형제애로 경험되는 믿음의 삶을 의미한다. 은사란 주님 예수 그리스도의 몸을 이룬 사람들 안에서 경험되는 부수적인 기능들이다. 그것은 에클레시아의 본성 안에 이미 내재되어 있고 그 DNA안에 이미 암호화된 요소들이다. 에클레시아가 그 본래의 삶을 살 때 그 에클레시아에 필요한 기능을 효과적으로 돕기 위해 은사가 나타난다. 이것이 교회이다. 그 밖의 모든 것은 에클레시아가 아닌 '조직'을 강제하기 위해 인위적으로 만들어낸 수단일 뿐이다.

먼저 "치유의 은사"를 살펴보자.

9. 치유의 은사

치유의 은사와 그 은사를 받은 사람에 대해 어떻게 생각해왔는가?

다시 말하지만 이것은 지역교회의 기능이다. 지역교회 안에서 아픈 신자들의 질병이 호전되도록 돕는 그리스도인들을 떠올려보라. 그렇게 교회를 섬기는 그것이 이 은사가 가지고 있는 전부이다.

리더십 없이, 성장에 필요한 시간을 충분히 가졌던 교회들 중에는 여러 은사들을 통해 에클레시아 스스로를 드러내는 교회가 있을 수 있다. 병 고치는 은사로 에클레시아의 생명을 드러내는 교회 역시 그 중 하나이다. 사실 치유의 은사는 한 지역교회가 자신의 생명을 드러내는 가장 일반적이고 자연스러운 모습 중 하나이다. 이것은 언제나 드라마틱한 사건으로 전개되지는 않는다. (이를테면 성전 미문 앞에서 나면서부터 앉은뱅이 된 환자를 베드로가 일으킨 것처럼! -역주) 살아있는 인간의 육체가 끊임없이 병들고 치유되기를 반복하는 것처럼 치유의 은사는 그리스도의 몸이 자신의 살아있음을 드러내는 매일 매일의 삶의 일부이지 언제나 환호성을 지르며 뛰어 오를만한 기적으로 나타나는 것은 아니다. 즉 치유의 은사는 그렇게 과도한 관심을 받을만한 어떤 것이 아니라는 말이다.

너무 실망스러운가?

주님의 교회는 자신의 믿음과 생명을 드러내기 위해 자연발생적
이면서도 거북스럽지 않은 은사와 여러 기능들을 필요로 한다. 그 영
적인 일들과 고유한 기능들을 바르게 이해하기란 특별히 우리 시대
에 쉽지 않은 것 같다.

10. 목사

　은사를 언급하는 본문5)에서 오늘날 세상 어디를 가든 만나게 되는 용어가 바로 "목사" 이다.

　무엇보다도 이 목사라는 말은 신약성경에 등장하지 않는 용어이다. 등장하지 않는 용어일 뿐 아니라 실제로 목사라는 기능이나 직무 자체가 존재하지 않았다. '목사' 라는 말은 단수가 아니다. 복수로 표기되는 말이다. '목사' 가 아니라 '목사들' 이다.

　신약성경용어 중에 단연 새롭게 정의되어야 할 말이 있다면 그것은 바로 "목사" 이다. 지구 상 어느 나라 어느 장소에서든 "목사" 라는 단어를 떠올렸을 때 그려지는 이미지는 높은 강대상에 올라 침묵하는 평신도들을 내려다보며 설교하는 한 사람이 떠오른다. 그리고 그는 지금까지 이 판에 박힌 직무를 계속해왔고 금년에도 또 다가오는 해에도 매 주일마다 이 직무를 계속할 것이다. 이런 일을 하는 사람은 1세기 교회에 도무지 존재하지 않았다. 목사라는 용어가 등장하는 이 편지를 실제로 받았을 골로새교회, 빌레몬의 집에도 역시 이런 사람은 존재하지 않았다. 목사라는 말이 담고 있는 본래적인 의미는 그리스도의 몸 안에서 다른 신자들의 아픔을 어루만져주는 동료 신자"들" 을 일컫는 말이었다. 그리고 그렇게 신자들을 돌보아 주는

---

5) 에베소서 4:11, 실제로는 골로새교회에 보내진! 역주.

사람들이 실제로 교회에 존재했다. 골로새라는 외진 마을, 한 가정집 거실에 모였던 신자들에게 그 말이 담고 있는 의미는 무엇이었을까? 하나님의 백성들 안에서 "목사들"은 특별한 직무를 가지고 있지도 않았다. 그들은 교회를 운영하는 일에도 개입하지 않았다. 그들은 그리스도의 몸을 구성하는 신자 외에 아무것도 아니었다.

목사란 곤란을 겪는 형제자매들을 위로하고 살피고 돌보던 에클레시아 안의 여러 "동료신자들"을 언급하는 말이었다. 이 역시 그 지역모임 안에서 기능하던 직무이다. 은사를 받은 다른 직분들처럼 목사 역시 그 지역 출신으로 그 모임 안에서 성장해온 에클레시아의 한 구성원이다. 이들은 당신을 당황스럽게 할 만큼 평범한 신자들이었다. 그들은 결코 비범한 사람들이 아니었고 '점차적으로' 성장해온 에클레시아가 그때그때 겪는 곤란한 일들을 도왔던 여러 명의 동료신자들이었다.

이제 우리는 또 하나의 은사(직무)를 살펴보게 될 것이다. 이 은사를 맡은 사람은 종종 다른 사람에게 그 직무를 물려줘야 했다. 1세기 에클레시아 안에서 기능했던 이 은사가 무엇인지 살펴보자.

11. 장로들

"한번 장로이면 영원한 장로이다."라는 말을 들어본 적이 있을 것이다. 우리 시대엔 폭 넓게 수용될 수 있는 말이지만 사실은 그렇지 않았다. 바울은 "사람이 감독(장로)의 직분을 얻으려함은 선한 일을 사모하는 것이라."[6]고 말함으로 장로의 직분이 영원한 것이 아니고 상황에 따라 교체되는 직분 임을 암시하였다. 오늘날 장로직의 관행에 비추어볼 때 이런 설명들은 도무지 적용될 수 없는 것으로 여겨진다. 장로직은 평생직이기 때문에 이미 장로가 세워진 교회에서 당신이 그 밀폐된 문을 뚫고 장로회의에 참석할 가능성은 없다고 생각할지도 모른다. 바울이 말하는 그 사람, 즉 장로직을 사모하는 그 불쌍한 영혼(그 일이 선하기 때문에)이 할 수 있는 일이란 한 장로가 죽을 때까지 그저 기다리는 수밖에 없다.

그러나 우리가 찾아낸 결론은 다르다. 장로직은 영원한 은사(직무)가 아니다. 왜냐하면 이미 장로가 세워진 교회였음에도 수시로 장로가 될 다른 사람을 찾고 있던 사람, 마침내 5년이 지나서야 그 사람을 발견하여 이미 세워진 장로들을 대신해 그 사람을 장로로 세운 교회개척자가 있었기 때문이다.[7]

---

6) 디모데전서 3:1. 역주.
7) 장로가 이미 세워진 교회였음에도 수시로 다른 장로를 찾고 있었던 사람은 다름 아닌

12. 우리가 감히 성직을 임명하겠다고?

기독교 신앙은 많은 잘못된 인식들을 바탕으로 한 시대에서 다음 시대로 넘어왔고 우리는 가톨릭의 교황직에서 그 전형적인 예를 찾아볼 수 있다. 가톨릭의 교황직이 갖는 오류에 버금가는 개신교의 오류 중 하나는 장로직이 가지고 있는 권위이다. 장로라는 직책이 '몸'에서 분리된 채 공식적으로 한 개인에게 주어짐으로 에클레시아가 입게 되는 폐해는 다른 유사한 상처를 언뜻 떠올릴 수 없을 정도로 심각하다. 이것은 유기적인 에클레시아 안에서 교회생활을 경험하며 내가 내린 결론이다. 유기적인 교회환경에 내 평생을 몸담고 살아오면서, 나는 오늘날의 여러 직책들이 1세기의 그것과 동일한 용어를 사용하고 있지만 사실은 엉뚱한 직책임을 경험적으로 알게 되었고 차라리 이 모든 직책들을 벗어버리는 것이 우리에게 훨씬 더 유익하다는 사실을 깨달았다.

오늘날 장로라는 직책은 다분히 통치자를 의미한다. 또 권위자를 의미하기도 하고 교회 안에서 어느 정도 두려운 사람으로 존재하고

바울의 부탁을 받아 에베소교회를 방문했던 디모데를 말한다. A.D. 약 63년쯤, 로마 감옥에서 일시적으로 석방된 바울은 디모데로 하여금 에베소교회를 방문해 새로운 장로를 세우도록 조치했다. "사람이 감독(장로)의 직분을 얻으려함은 선한 일을 사모하는 것이라 함이로다."라는 본문의 문맥과 에베소교회의 장로문제에 대해 더 깊은 이해가 필요한 사람은 저자의 또 다른 책 『장로직을 다시 생각하다』*Rethinking Elders*. (대장간 역간, 2020)를 참고하라. 역주.

있다. 하나님의 백성들 또한 그를 조심스럽게 대한다. 장로직은 그리스도의 몸 안에서 두려움과 권위를 조장한다. 그 한 가지 이유만으로도 현재의 장로직은 에클레시아 안에서 물러서야 할 충분한 이유를 갖는다. 장로라는 직함과 그 권위적인 처신은 신자들의 사고방식 속에 너무 깊게 새겨져 있다. 오늘날 지구상 어느 곳을 가든지 목사와 더불어 장로라는 이 두 직무는 그리스도의 몸이 자발적인 기능을 하는데 가장 치명적인 장애를 안기고 있다.

에클레시아의 DNA에서 출생한 평범한 신자들은 그들을 두려워하지도 않고 그들에게 경외감을 보내지도 않는다. 그들에게 그 두 직분은 단지 형제와 자매일 뿐이기 때문이다.

그 딱딱한 직분을 포기하고 나면 장로란 그리스도의 몸 안에서 그저 한 사람의 노인(長老)일 뿐이다. 현대인들은 어떤 직분을 가질 경우 사람이 바뀐다 … 대개는 좋지 않은 방향으로.

유기적인 에클레시아 안에도 장로가 있을 수 있다. 권위적인 직책만 생략한 체! 장로직은 딱 "거기까지다."

우리가 장로라고 부른다고 해서 그 사람이 장로가 되는 것이 아니다. 우리가 어떤 사람을 복음전도자라고 부르면 그 사람이 복음전도자가 되는 것도 아니다. 1세기 교회 안에서 그러한 직책과 기능들은 매일의 교회생활 가운데 탄력적으로 생겨난 기능들이었다. 그 외 다른 모든 것들은 복음주의가 개발한 인위적인 직함과 허상들이다!

장로직이 어떤 것인지 '정말로' 알고 싶은 사람들에게 내가 추천해줄 방법이 하나 있다. 이 방법은 성경에 근거를 두고 있진 않지만 그래도 장로직에 대한 오늘날의 맹랑한 접근들보다는 훨씬 실제적일 수 있다.

교회 안에서 가장 사려 깊은 형제가 누군지, 다른 신자들을 가장 많이 배려하는 형제가 누군지, 몇 명의 여신도들에게 무기명 비밀투표를 해달라고 요청하라. 투표가 끝나면 투표용지들을 꺼내 확인하라. 일관되게 한 사람의 이름이 나올 것이다. 아니면 두 사람, 혹은 세 사람. 아주 드물게는 네 사람의 이름이 나올 수도 있다. 결과가 어떻든지 바로 그 사람이 당신이 소속된 교회의 장로이다. 대단한 사람, 예리한 사람, 유창한 언변을 구사하는 사람, 두려움을 주는 사람, 심지어 존경받는 사람도 아니다. 가장 자연스럽고 편안하게 다른 신자들을 배려하고 돌보는 그 사람이 장로이다.

아직 충격이 끝나지 않았다!

2년 혹은 3년 후에 동일한 투표를 동일한 방식으로 한 번 더 반복하라. 투표용지의 이름이 바뀌어 있을 것이다 … 그리고 2년 후엔 또 바뀔 것이다.

무슨 의미인가! 다시 한 번 말한다. 장로는 영원한 직책이 아니다. 에클레시아 안에서 장로직은 수시로 바뀌어야 한다는 말이다! 장로직을 영원한 은사로, 그리고 영원한 직분으로 못 박고 싶다면 그렇게 하시라. 그러면 그 장로직은 영원히 교회의 일치를 해칠 것이요, 영원히 에클레시아의 창조성을 깨뜨릴 것이다. 어쩌면 교회의 존립 자체를 위협할지도 모른다.

교회의 인위적인 직함들과 꼬리표, 그리고 인위적인 직분과 성직

수여가 갖는 문제가 무엇인지 내게 그 이해에 대한 탁월한 단서를 들려준 친구가 있다. 그 친구의 이야기를 들어보자.

13. 삶은 계란 이야기

'바바라'는 학교에서 돌아온 아이들 간식으로 삶은 계란을 준비해 두었다. 삶지 않은 계란과 삶은 계란을 구별하기 위해서 그녀는 삶은 계란 위에 마킹 펜으로 "H"자를 써 놓았다.

어느 날 그녀의 어린 아들이 학교에서 돌아와 냉장고 문을 열고 "H"자가 그려진 계란을 찾았지만 다 떨어지고 없었다. 그러자 그 어린 아들은 마킹 펜을 찾아 아무 계란이나 골라 그 위에 얼른 "H"자를 그려 넣었다. 엄마처럼 "H"자만 써 넣으면 그것이 완숙계란이 될 줄로 믿었던 것이다. 그는 계란을 먹으려고 식탁에 앉았다. (분명 "H"자가 그 계란을 삶은 계란으로 바꾸어 놓았을 것이다. 그렇지 않은가?) 계란을 깨뜨리고 나서야 그 아들은 "H"자가 생 계란을 완숙계란으로 만들지 못한다는 사실을 알았다.

그러나 그 어린 소년이 저지른 실수보다 더 큰 실수를 우리는 하나님 나라 안에서 저지르고 있다. 신약성경에 나오는 그 장로들의 이름을 오늘날 우리들이 보는 장로들 이름위에 써 넣고 있지 않은가? 직책을 깨뜨리라. 그러면 당신은 그 직책이 성경의 직책이 아님을 발견할 것이다. 우리가 성경에 언급되는 직책으로 누군가를 부른다고 해서 그 사람이 성경에서 말하는 그 사람이 되는 것은 아니다. 직책은 사람을 만들지 못한다.

14. 그렇다면 오늘 우리들은 어떻게?

유기적인 교회가 되기 위한 필수 요소는 무엇인가?

첫째는 복음주의적인 사고방식을 이제 그만 포기하는 것이다.

목사의 이미지(무엇보다 오늘날 우리가 알고 있는!)를 떠올려보라. 그가 그 자리에 있는 한 유기적인 교회생활은 결코 실현되지 않을 것이다!

그 다음, 하나님의 백성들은 반드시 홀로 남겨지는 시간을 가져야 한다. 오로지 홀로! 물론 초기에 약간의 도움을 받을 수 있다. 그러나 그 다음엔 홀로 남겨져야 한다! 6개월 아니면 1년 정도 도움을 받은 후에 홀로 남겨져야 한다. 그렇지 않으면 유기적인 교회는 그리고 진정한 교회생활은 결코 주어지지 않을 것이다.

15. 알바니아에서 있었던 일

외부세계와 완전히 단절되었던 나라, 알바니아가 처음으로 문호를 개방했던 날, 내가 그 자리에 함께 있을 수 있었던 것은 큰 특권이었다. 이전엔 어느 누구도 이 나라 내부 깊숙이 들어온 적이 없었다. 거기 도착하자마자 내 눈에 펼쳐진 광경은 지금까진 전혀 볼 수 없었던 장면이었다. 이 나라가 자유세계에 문호를 개방한지 불과 몇 시간이 지나지 않아 수백 명의 선교사들이 거기 운집해 있었다. 대부분의 선교사들은 미국이나 영국에서 건너온 사람들이었다. 모든 이들의 마음속에 한 가지 비전이 꿈틀대고 있었다. : "알바니아는 순수하다. 복음의 처녀지(地)다. 이때야말로 우리가 이 땅을 복음화 할 때다."

알바니아인들은 서구 기독교에 대해 아무것도 모르고 있었다. 곧 수천 명이 구원의 대열에 합류했다. 아뿔싸! 곧 바로 교회 건물이 세워지기 시작했고, 설교강단, 기다란 평신도석, 그리고 완전히 미국화된 기독교 의식(儀式)이 등장하기 시작했다. 그 말이 의미하는 것은 곧 알바니아인들이 긴 장의자에 침묵하고 앉아 누군가가 설교하는 것을 잠자코 들어야 함을 뜻하는 것이었다. 상황은 단순명료했다. 미국 스타일의 기독교가 세워지고 있었다. 알바니아 땅에 미국교회가! 두 나라의 차이란 전혀 존재하지 않았다. 국가는 다른데 신앙의 표현과 관습은 완전히 동일했다. 한 가지 차이는 있었다. 언어! 언어만 달랐다!

알바니아에 세워진 그 기독교에 장차 어떤 일이 일어났을 거라고 생각하는가? 알바니아 안의 미국인교회는 곧 죽어가기 시작했다. 그동안에도 미국인 선교사들은 2년에 걸쳐 줄기차게 설교를 쏟아내고 있었다. "우리에겐 부흥이 필요합니다!!"

아니었다. 알바니아에 필요한 것은 부흥이 아니라 유기적인 교회였다!

나는 이 모든 상황이 일어나는 것을 지켜보기가 두려웠다고 고백하는 것을 결코 부끄럽게 생각하지 않는다. 대부분의 기독교사역자들이 롤랜드 앨런[8]의 『자발적인 교회』(*The Spontaneous Church*)를 읽은 적이 없다는 사실이 애석할 뿐이다. 자발적인 교회를 경험하는 것은 그리스도인들이 알고 있는 어떤 가치보다도 순수하고 아름다운 경험이다. 초창기, 알바니아의 그리스도인들은 주님을 향한 뜨거운 열정에 불타올랐다. 그러나 그들은 오늘날의 미국 그리스도인들처럼 곧 그들의 집에 머무는 편을 택했다. 간혹 주일예배에 참석하는 사람들은 미국교회 신자들이 주일 오전마다 그들의 신앙을 표현하는 바로 그 방식, "멀찌감치 떨어져 바라보기(thou-sand-yard stare")에 익숙해졌다.

유기적인 교회를 소유할 기회는 그들에게 전혀 주어지지 않았고 그리스도의 몸으로 기능할 기회 역시 원천봉쇄 되었다. 설교 강단,

---

8) Roland Allen. 1868-1947. 영국성공회 사제로 바울의 선교방식, 즉 현지인의 신앙표현과 경험을 강조했던 선교사. 역주.

긴 장의자, 그리고 끝없이 계속되는 설교만 그들에게 부어졌다!

그 결과, 주님을 열망하던 초기의 알바니아인들은 미국스타일의 모임에 더 이상 참석하지 않았다. 그것이 지루하고 따분했기 때문이다. 지루함을 주는 의식, 그 이국적인 관습! 그리고 앉아서 다만 들어야 하는 교훈!

이와 다르게, 단지 두 주 동안의 도움만 받은 후(신약성경조차도 얻지 못한 채!) 홀로 남겨진 한 작은 그룹이 있었다. 그들은 그럴 수밖에 없는 상황이 있어 그렇게 남겨졌고 나는 우연히 그들을 목격하게 되었다. 그들의 모임이 그들 스스로에게 맡겨져 있는 동안 그들은 자연스럽게 그리스도를 경험하고 있었고 알바니아의 다른 어떤 교회와도 다른, 그리고 지구상의 어떤 교회와도 다른 100% 알바니아 방식의 교회생활을 표현하게 되었다. 이 특별한 그룹은 무엇을 행하기 시작했는가? 그들은 서로에게 그리스도를 말할 특권, 함께 식사를 나눌 특권, 서로에게 말할 특권, 알바니아 민속음악의 멜로디에 가사를 붙여 노래를 지을 특권, 서로 돌보며 "이번 주" 자신이 경험한 주님을 서로 서로 나눌 특권을 누리게 되었다.

역으로, 나와 몇 명의 미국 그리스도인들은 "알바니아 그리스도인들이 알바니아 그리스도인이 되는 광경"을 목격할 특권을 부여받았다. 그들에게 벌어진 가장 멋진 일은 그들과 주님과의 관계에서, 그리고 그들과 그들 서로와의 관계에서 가장 좋은 방식을 선택하고 소유하게 되었다는 사실이었다!

알바니아인들은 모임을 시작하는 독특한 방식을 스스로 고안해

냈다. 그들은 우선 티라나광장(Tirana Square, 알바니아의 수도)에서 집결한 후 그들이 모임을 갖는 집으로 함께 걸어 올라갔다.

그들이 수세기전의 멜로디에 가사를 붙여 부르는 노래는 내가 들었던 찬송 중에 가장 아름다운 것이었다.

그들 중 어느 누구도 "아멘"이란 용어를 들은 적이 없었기에 모임 중엔 종종 "그럼, 그럼"이란 자발적인 반응들이 쏟아졌다.

알바니아인들은 자연스럽게 서로를 돌보았고 끊임없이 함께 움직였다. 그들은 재정적으로도 서로를 도왔고 동료들의 일자리를 찾는 일에도 발 벗고 나섰으며 그들이 하는 모든 일에 "하나"가 되었다.

다른 형제들에 비해 좀 더 적극적으로 그리스도에 대해 말하는 형제도 모임 중에 나타나기 시작했다. (놀라워라! 바로 복음전도자의 출현이다!) "낙심한 형제"를 보면 좀 더 적극적으로 용기를 북돋는 형제도 나타났다. (권면하는 사람!) 그런가하면 그들 스스로 시내로 내려가 길거리 위에서 그리스도를 전하는 일도 있었다. (어느 누구도 이런 일들에 대해 그들에게 귀띔해주거나 언급한 사람이 없었다!) 때때로 한 형제가 다른 형제에게 잠시 동안 말씀을 들려주는 경우도 있었다. (그리고 그들 모두가 이것을 좋아했다!)

제발 … 제발 … 이 형제에게 목사라는 타이틀을 붙이지 마시라!!

이런 신앙표현들이 그리스도의 몸을 이룬 알바니아인들의 모임에서 흘러나온 것들이었다. 이 모임은 알바니아인들에게 "딱 들어맞는 모임"이었다. 그 알바니아인들은 모두 알바니아인들처럼 보였고 그 들이 하고 있는 모든 것은 그들에게 가장 자연스러운 것들이었다. 모든 것들이 자발적이고, 자연스러웠으며, 유기적이었다. 일 년 후 우연한 기회에 신약성경 한 권이 그들에게 전해졌다. 그들은 이런 "행운"을 거의 기대하지도 않았다. 일부 그리스어로 기록된 성경이었는데 그들의 이웃 중 한 사람이 소장하고 있던 것을 그들에게 건네주었다. 바울이 그리스 지역에서 매 맞는 부분이 낭독될 때에 그들은 함께 눈물을 흘렸다.

16. 알바니아 안의 이방인 영역

알바니아인들은 자신들의 믿음을 자신들의 문화로 표현하는 방식을 배웠다. 그러나 이 동일한 일이 선교사들의 리더십 밑에서 이국(異國)전통으로 모이던 다른 알바니아인들의 모임 속에선 좀처럼 나타나지 않았다.

사람들이 살아가는 문화적 방식은 모두 다르다. 에스키모인들은 자신들만의 표현방식으로 에스키모인들과 소통하고 이탈리아 사람들은 그렇게 이탈리아 사람들과, 중국 사람들은 또 그렇게 중국 사람들과, 남 아프리카인들은 남 아프리카인들과, 그리고 알바니아인들은 알바니아인들과 그렇게 자신들만의 표현방식으로 소통한다.

당연히 미국인들은 미국인들만의 표현방식으로 미국인들과 소통한다. 그러니 미국인들의 표현방식이 전 세계 기독교인들의 표현방식이 될 수 없는 것이다.

그렇다면 알바니아인들에게 전해준 미국식 교회생활방식은 정말 미국인들만의 독특한 신앙표현에서 나온 유기적인 방식이었을까? 그렇지 않다. 전혀 그렇지 않다. 여기에 중요한 질문이 존재한다. 미국교회는 미국인들만의 유기적 신앙표현방식을 가지고 있는가?

그렇지 않다. 미국식 신앙표현이라고 알고 있는 그 모든 방식들은 사실 종교개혁시대 의식들의 잔재이다. 미국인들 역시 미국인 본인들에게 가장 적합한 미국인들만의 유기적 신앙표현방식을 경험해본 적이 없다. 왜 그런가? 미국교회의 신앙풍토상 자발적인 에클레시아 가 거의 일어날 수 없는 환경이기 때문이다.

세계 모든 곳에서와 같이 미국에서도 유기적인 교회의 신앙표현을 찾아 나설 담대한 하나님의 사람들이 필요하다. 이 사람들을 통해 아예 처음부터 다시 시작할 때만이 이 일은 가능해진다.

바울이 고린도교회에 했던 말 중에 우리가 귀담아 들을 가르침이 있다. 만약 초심자(갓 회심한 사람 또는 복음을 전혀 접해본 적이 없는 사람)가 교회에 걸어 들어왔을 때 외국에 들어온 것 같은 기분이 들어선 안 된다는 말이 그것이다.

미국인들이 알바니아(그리고 여타의 다른 나라)에 전해준 그 교회는 알바니아 본토인들에게 매우 낯선 것이었다. 알바니아인들이 교회에 처음 들어왔을 때 그들은 결코 "자기 나라"의 모임에 들어온 것처럼 느끼지 못했다. 5백년 묵은 종교개혁의 의식들, 세계 도처에 재이식되어온 그 예배의식을 알바니아인들이 꺼렸던 것은 당연하다. 이와 다르게, "본국에서 자라난 모임"속으로 걸어 들어왔던 소수의 알바니아인들은 전혀 낯선 느낌 없이 그 모임 속에 들어와 그들과 한 몸이 될 수 있었다.

아메리카 땅의 미국인들 역시 미국적인 교회, 또 미국인들에게 가장 자연스런 신앙표현을 가진 교회를 사모하고 있다. 미국인들은 세상 구석구석까지 미국식 기독교를 실어 날랐다고 생각하겠지만 사실 그들이 세계에 퍼뜨린 것은 유기적인 교회도 아니었고 미국식 교회조차도 아니었다! 미국인들은 세상 누구에게도 자연스럽지 않은 믿음, 그리고 유기적이지도 않은 그 종교개혁의 산물들을 마치 미국식 기독교인양 지구상의 모든 교회들에게 권장해왔던 것이다.

그렇다면 이제 우리는 어디로 가야하나?

첫째, 복음주의교회의 모든 관습과 관례들을 송두리째 벗어버리고자 결단하는 사람들이 나와야 한다. 둘째, 대담하고 급격한 변화를 시도할 필요가 있다.

유기적인 교회생활은 대부분의 사람들에게 실현 불가능해 보일지도 모른다. 왜 그런가? 그러한 도전은 "울타리 밖으로 걸어 나가는 모험"을 감수해야하기 때문이다.

그렇다면 다른 선택은? 목석(木石)처럼 앉아있는 것뿐!

목석은 아무리 다르게 표현해도 나무와 돌에 지나지 않는다. 그리스도의 몸 안에서 아무런 기능을 하지 않는 사람은 의자 위에 올려놓은 돌 조각과 같다. 살려고 애쓰는 사람에게 추천할 만한 장소로 묘지는 그리 좋은 장소가 못된다. 어떤 것을 "신약성경적"이라고 부른다고 해서 그것이 신약성경적이 되는 것이 아니다! 사람들을 불러 모으고 그들에게 어떤 직분을 준다고 해서 그 사람들이 그리스도의 '몸'에 새겨진 디엔에이(DNA)를 이식받을 수 있는 것은 더욱 아니다.

믿음생활에서 가장 중요한 부분 중의 하나인 유기적인 교회생활을 우리는 그동안 간과해왔다. 우리가 신약성경을 읽으며 알게 되는 교회는 한 사람만 말하고 나머지는 목석같이 굳어있는 교회가 아니다. (예배 중에, 그리스도를 나누려는 사람들이 얼마나 많았으면 순서를 지켜 말하라고 사도가 부탁했겠는가? -역주) 그들이 우리에게 남겨준 기록은 살아 움직이며 그리스도의 몸으로 기능하던 유기적인 에클레시아의 모습이다.

하나님의 백성들은 유기적으로 성장했고 하나님의 일꾼들은 그 모습을 성경에 담았다. 다양한 나라와 다양한 문화권 안에서 각자 독특한 "생존방식"으로 성장하는 한 처녀(교회)를 보면서 어쩌면 그 이야기를 기록한 사람들도 놀라지 않았을까? 적어도 골로새와 같은 이방인 교회들 안에선 그런 추정이 사실로 존재한다. 골로새는 바울이 세운 교회가 아니다. 바울이 편지를 쓰기도 전에 그 처녀는 자생적으로 태어나 스스로의 생존방식을 터득했다. 그의 편지가 도착한 것은 그 이후이다. 그렇게 해서 그녀의 이야기가 역사 속으로 들어오게 된다. 골로새서는 예수 그리스도를 주(主)로 모신 신자들이 자발적으로 모임을 이끌어갔던 이야기를 우리에게 증언한다. 이 사람들은 자신들의 모임방식이나 신앙표현 방식들을 신약성경에서 배우지 않았다. 사람들을 방 안에 모아놓고 "자, 우리도 장로가 있어야 하지 않겠습니까? 그러니 당신이 장로가 되십시오." … 이런 방식으로 자신들의 교회생활을 결정하지 않았다는 말이다. 그러나 오늘 우리는 신약성경을 자세히 들여다본 후 이렇게 말한다. "우리는 신약성경적인 교회가 되어야 합니다. 여기 이런 구절이 있습니다. 그러니 우리도 그렇게 해야 합니다. 그렇지 않으면 신약성경적인 교회가 될 수 없습니다."

신약성경은 그렇게 정지된 화면처럼 우리에게 주어진 문서가 아니고 이 구절 저 구절 뽑아내 오려붙일 수 있도록 허락된 문서도 아니다. 그것은 A.D. 30-70년(약 40년) 사이, 한 처녀의 몸으로 연합해 역동적인 삶을 살았던 그리스도인들의 생물학적 보고서이자, 그리스도의 주권 밑에 모여 살았지만 롤러코스트를 탄 것처럼 파란만장했던 그들의 삶, 그럼에도 그들 영혼에 깃든 신성한 생명에 의지해 타락한 육체를 거룩하게 이끌어갔던 그 이야기에 다름 아니다!

그들에겐 나란히 놓을 수 있는 두 교회가 없었다. 신앙표현도 달랐고 사연(서신서)도 각자 달랐다. 고린도교회의 이야기가 다르고 데살로니가교회의 이야기가 다르다. 갈라디아교회들 가운데 전개된 이야기는 골로새교회나 빌립보교회에 일어났던 이야기와 거의 공통점이 없다. 하나하나의 교회가 모두 달랐다. 교회가 세워질 당시의 배경과 태어나던 순간이 달랐고 사용하는 언어도 달랐으며 문화와 전통도, 상황도, 씨름하던 문제도, … 그리고 각 교회가 표현하는 신앙의 방식도 달랐다. 다양한 사람들이 그들만의 독특한 위기를 겪으며 한 몸으로 에클레시아를 경험하였다. 각각의 교회마다 그 문화가 달랐고, 각기 소속된 사회적 정부(政府)가 달랐고, 다른 지정학적 조건을 가지고 있었으며 사회적으로 다른 법의 적용을 받으며 살았다. 이 사실을 주목해야 한다. 그들은 각자의 문화를 살려, 자신의 언어를 가지고, 자신의 나라와 자신이 속한 문화적 특성을 살려 자신들에게 가장 자연스런 방식, 자신들을 가장 잘 표현할 수 있는 신앙의 방식을 만들어냈다. 그것은 그들이 머물던 바로 그곳에 가장 자연스러운 방식이었다. 이렇듯 모든 교회가 달랐지만 예수 그리스도, … 즉 그리스도의 신부 안에 스며든 그 분의 DNA를 모든 교회가 가지고 있었다.

유기적인 교회가 표현하는 믿음의 방식들은 이렇게 다양하다. 하지만 조심하라! 당신이 그 교회에 들어서다가 혹시라도 "교회의 규율" 또는 "반항", 아니면 "순종"이란 말을 듣게 되면 재빨리 달아날 출입구를 확인해 두라. 그 교회의 지도자는 문제가 발생할 경우 어떻게 해야 할지 아무런 답을 가지고 있지 못한 사람이다.

조심해야 할 사안이 한 가지 더 남아있다. 한 무리의 그리스도인이 가정집에 모일 경우, 당신이 예상해 두어야 할 사안이 있다. 그 모임 안에서 다른 사람에게 "신약성경"을 가르치고 싶어 안달 난 사람이 있을 수 있다는 말이다. 그땐 그에게 정중하게 요청하라. "우선 1년 동안만, 형제 안에 내주하는 그리스도를 우리에게 보여주십시오. 그리고 당신이 그분과 함께 살아가는 방식을 우리에게 보여 주십시오!"

덧붙여 그 1년 동안 "성경구절을 인용하지 않는 조건으로" 그에게 한 주간 경험하는 주님을 나눠달라고 요청하라. 그 형제가 그렇게 할 수 있다면, 그리고 그 형제가 말하는 것이 실제 그의 삶에서 일어나는 일이라면, 그리고 그 사람이 부드러운 성품의 사람이라면 그땐 그를 따르라. (그러나 확신하건데, 그 사람은 그 자체로 성경교사가 아니다. 절대로!)

다시 반복한다. 그리스도를 잘 아는 사람, 그 분을 깊이 아는 사람은 절대로 성경교사가 아니다. 성경을 가르치고 싶어 안달 난 사람은 의식적이든 무의식적이든 성경상의 어떤 '사실', 즉 그리스도 가 아 닌 그 분에 대한 어떤 '정보'를 나눠주려는 사람이다. 그리고 그 사람 이 나눠주려는 그런 사실이나 정보는 신약성경상의 지극히 작은 영 역을 차지한다. (물론 그 형제는 자신의 얇은 식견이 신약성경의 지 극히 작은 영역에 속한다는 것을 모르고 있다.) 당신이 그런 정보들 을 소유하거나 배우게 되면 그 자체로 당신에게 놀라운 변화가 일어 날 것이라고 그는 믿고 있다. 이것이 바로 "정보에 의한 변화"를 믿 고 추종하는 이들이 펼치는 수고들이다.

그것은 영향력을 주지 않는다.

그것은 아무런 힘도 가지고 있지 않다.

그것은 어떤 변화도 일으키지 못할 것이다.

성경공부를 통해 알게 되는 어떤 사실이나 정보는 변화의 기초를 제공하지 못한다. 그리스도에 대한 어떤 정보가 교회를 세우는 것이 아니다. 그리스도 그 분 자신이 교회의 기초가 되신다.

주님은 지금도 여전히 우리 안에 내주하시지만 성경공부를 통해 축적되는 지식과 정보들은 그 내주하시는 주님의 숨결을 막을 수도 있다.

성령께선 여전이 여기 계신다. 그런데 성령에 대하여 말하는 성경 구절을 가르치는 것은 그 성령이 아니다.

성령에 대한 '가르침'이 아니라, 그 구절이 말하는 그 '성령'만이 그리스도를 추종하는 '몸'으로 우리들을 인도하실 수 있다.

17. 성경공부가 지닌 독소

성경을 공부하는 것은 유기적인 교회를 세워나가는 일과 관련이 없다. 성경공부가 가지고 있는 걱정스런 부분은 예를 들면 이런 것이다. 당신에게 신약성경을 가르치던 사람이 어느 날, 당신을 두고 고민에 빠지게 된다. 솔직히 그는 이제 당신을 어떻게 다뤄야 할지 몰라 힘들어 한다. 온 힘을 기울여 당신에게 성경을 가르쳐왔다. 그는 당신이 변할 것이라고 믿었다. (신약성경과 관련하여 그가 소유한 가장 심오한 지식까지 당신에게 전달했다. 최소한 그가 가지고 있는 정보는 모두 당신에게 전한 셈이다.) 그는 고민한다. 아무리 생각해도 자신에게 문제가 있다고 생각되진 않는다. 그가 내린 결론은 성경을 배우는 당신의 태도가 문제라고 생각한다. 이때 그는 당신에게 적용하기 위해 '권위', '순종', '~해라와 ~하지 마라'와 같은 긴 목록들을 다시 한 번 성경에서 파내기 시작한다! 성경에 접근하는 이런 방식들은 에클레시아를 향한 신자들의 순전함과 자발성에 죽음을 가져온다. 그것은 유기적인 교회들이 태어날 가능성 자체를 차단해버린다. 사랑은 율법 안에서 숨 쉴 수 없다. 생명은 율법과 동거할 수 없다.

처녀 에클레시아에게 필요한 것은 다만 이것이다. 첫째, 모여라! 그다음 하나님의 일꾼들은 그녀에게 그리스도를 보여주고 곧 떠나라! 그녀를 제발 홀로 내버려두라! 뒤로 물러나 지켜보라! 그러면 그녀는 목사, 의식, 찬송 책, 리더십을 포기하고 생존하기 시작한다.

이것이 기초부터 다시 시작하는 유일한 길이다. 당신은 더 이상 대규모전도행사의 대상자도 아니고 이 교회 저 교회를 방랑하는 나그네도 아니다. 로켓의 부품 중에 홀로 달나라에 도착할 수 있는 부품은 존재하지 않는다.

18. 유기적인 교회를 복원할 사람의 특징

초기교회(1세기 교회)를 일으켜 세웠던 사람들은 경이로운 사람들이었다. 이 놀라운 사람들은 하나님의 백성들을 하나님의 품에 맡겨두고 교회를 떠날 만큼 담대한 사람들이었다. 이후 그들은 자신들이 심은 교회에 물을 주기 위해 이따금씩 에클레시아를 방문했고 어느 땐 멀리서 편지를 보내기도 했다. 이들의 방문과 이들이 보낸 편지는 홀로 남은 에클레시아에 매우 적절한 도움이 되었다. 그런데 오늘 우리들은 이 편지를 보며 무슨 일을 벌이고 있는가? 편지를 쓴 사람과 편지를 받았던 교회가 생각지도 못했던 법칙과 의식들을 그 속에서 뽑아내고 있는 것이다.

우리에게 절실한 것은 내주하시는 주님이다. 또 하나 절실한 존재가 있다면 그것은 영적인 교회를 일으켜 세울 하나님의 사람, 그리고 그 교회를 그리스도께 맡기고 떠날 수 있는 사람, 바로 순회하는 교회개척자이다. 우리가 유기적인 교회로 돌아가기 위해선 이런 요소들이 작동해야 한다.

그것은 연륜이 요청되는 일이다. 오랜 훈련과정도 필요하다. 과거의 경험도 있어야 한다. 그 길은 당신에게도 새롭지만 하나님의 백성들에게도 알려지지 않은 길이다. 그들을 인도하기 전에 당신이 먼저 유기적인 교회에서 살아온 경험이 있어야 한다. "아마추어가 나설 때도, 나설 자리도 아니다."라는 세간의 말은 여기서도 그대로 적용되는 진리이다!

유기적인 교회는 유기적인 에클레시아 안에 있었던 이의 손에서 시작되어야 한다. 에클레시아가 고백하는 유기적인 표현을 경험한 바로 그 사람이 1세기 교회의 영적인 원리와 삶속으로 돌아갈 수 있다. 그렇지 않으면 당신과 교회 둘 다 경험미숙으로 무너지고 말 것이다.

"유기적인 교회의 신앙표현을 경험"한다는 말속엔 우리 복음주의자들이 쉽게 개념화할 수 없는 의미가 들어있다.[9]

의사들 사이의 위트 있는 표현이 있다.

"우선 보라. 그 다음엔 해보라. … 그러면 희망이 있다!"

그러나 우리 복음주의자들은 이렇게 말하는 경향이 있다.

"생각해보고, 곧 시도하라."

유기적인 교회를 세우려 한다면 당신이 먼저 살아계신 주님을 소유해야 한다. 그다음 그 분을 모시고 하나님의 백성 속으로 들어가라. 그들에게 어떻게 매일 그 분과 만날 수 있는지, 또 어떻게 그분을 친밀하게 알아 가는지 보여주라. 당신이 곧 그들을 떠날 것이라는 사실도 미리 말해주라. (걱정하지 않아도 된다. 하나님의 백성들은 주의 깊게 들을 것이다.) 그 다음 그리스도의 몸으로 기능하도록 그들

---

9) 『이교도의 신학교육을 넘어』 *Paul' s Way of Training Workers or the Seminary' s Way*. (대장간 역간, 2020)를 보라. 바울이 교회개척자로 훈련시킨 젊은이들은 훈련받기 이전부터, 그리고 교회를 개척하기 훨씬 이전부터 이미 유기적인 교회생활을 경험하고 있었다.)

을 이끌라. 그들의 모임이 창조성을 띠도록 격려하라. 어떤 규칙이나 법칙도 그들 위에 두지 말라. 어떤 것에도 그들이 얽매이지 않게 하라.

그런 다음 그들에게서 떠나라.

1년쯤 후 당신이 돌아왔을 때 그 교회가 여전히 거기 남아 모임을 갖고 있다면 당신은 비로소 알게 될 것이다. 당신의 일생일대에 금과 은과 가장 값진 보석들로 당신이 하나님의 교회를 세웠음을! (하지만 너무 뿌듯해 하지는 말라. 그 에클레시아가 열 번째 생일을 맞을 때까지는!)

그 교회가 뿜어내는 유기적인 표현들 속에서 최소한 당신은 어떤 섬광을 보게 될 것이다. 맞다. 그 빛이야말로 신약성경 안에서 흘러나오는 빛이다. 그 빛은 분명 신약성경에 가깝다. 신약성경 구절들로 만든 여러 직분과 의식들을 성령 안에서 태어나본 경험도 없고 에클레시아의 자유 속에 성장해본 경험조차 없는 하나님의 백성들 위에 두는 것보다 당신이 발견한 그 빛은 훨씬 더 신약성경에 가까운 빛임을 믿어도 좋다.

나는 이 빛을 당신과 아직 태어나지 않은 세대들, 그러나 장차 이 말을 이해하게 될 미래 세대들에게 남기고 싶다. 그로 인해 당신과 그들이 알게 되길 염원한다. 에클레시아는 조직이 아닌 한 처녀임을! 비록 타락한 세상 속에 살며 완전함에 이르진 못하지만 그녀가 제도가 아닌 거룩한 여인임을! 한 처녀 안에 연합된 인간일 뿐 아니라 거룩한 영적 존재임을 계시로 알게 되길 바란다. 그녀는 그리스도인들이 체험 할 수 없는 먼 세상에 존재하는 신기루가 아니다.

교회를 대하는 이 시대의 방식과, 교회와 관련하여 이 시대가 만들어낸 모든 이론들로부터 영원히 해방되길 열망하며 나는 당신과 태어날 세대위에 이 빛을 두고 떠나고 싶다. 어쩌면 이 빛을 쫓는 여정에 당신의 평생이 걸릴지도 모른다. 그러나 수많은 시행착오와 엄청난 혼란을 겪으면서도 당신은 분명 한발 한발 나아가게 될 것이다. 그 여정을 계속하다 보면 어느 날 주님 예수 그리스도께서 주님 자신을 알고, 만지고, 경험하고, 사랑하는 자리로 에클레시아를 이끄시고 거기서 깊고 친밀한 교제를 나누시는 영광을 당신이 보게 될 것이다.

그동안 이 고독한 길을 걸어왔던 우리는 이제 가능한 많은 유산을 당신에게 남기고 싶다. 그래서 당신이 맨 땅에서 시작하지 않기를 바란다. 그렇다. 당신에게 주어진 그 유산을 당신이 온전히 이해하고 성취하기 위해선 오랜 시간의 고된 여정을 감내해야 할 것이다. 그럼에도 당신이 완전히 처음부터 시작하지 않아도 된다는 사실을 기억해 달라. 당신은 과거의 발견들과 먼저 걸어간 이들의 경험, 그들이 누렸던 기쁨과 흘렸던 눈물들을 발판으로 삼을 수 있다.

가장 절실한 것은 겸손이다. 그리고 충분한 시간이 필요하다. 성취를 위한 시간은 언제나 그렇듯이 짐작하고 예상했던 것보다 더 길게 느껴질 것이다. 주님의 이름으로 권면하니, 맨 땅에서 시작하지 마시라. 적지 않은 사람들이 그리스도 중심적인 삶과 유기적인 에클레시아의 표현을 되찾기 위해 분투해왔다. 사실, 어느 누구도 당신에게 "우리들과 함께 하자"고 초청하지 않는다. (그런 초청들은 그

동안 수많은 운동들이나 단체들로부터 많이 받아왔지 않은가!) 다만 지금까지 이 여정을 계속해온 사람들이 있고 이제 그들이 남긴 유산들로부터 당신의 새로운 여정이 시작될 뿐이다.

당신에 앞서 우리가 이 길을 걸어왔으니 용기를 내시라. 우리는 지금까지 유기적인 교회에서 살아오고 있다. 우리는 한 무리의 사람들에게 모든 이름위에 뛰어나신 주님을 전했다. 우리가 그리스도를 전했던 그 사람들에게 우리는 "어떻게" 개인적으로 그리스도를 알아 가는지, 또 "어떻게" 한 몸으로 그리스도를 알아 가는지를 전해 주었다. 우리는 그들에게 "교회생활"을 경험하는 방식에 대해서도 실제적인 도움을 주었다. 그 다음에 우리는 그들을 홀로 두고 떠났다. 그들을 돕기 위해 다시 찾아올 때까지 우리는 1년 동안 그들을 떠난 적도 있었고 그 보다 훨씬 더 오래 그들을 떠나 있던 적도 있었다.

우리에게 실제 일어났던 일들이기에 당신에게도 일어날 수 있다.

그러나 부디 간청 드린다. 내주하시는 예수 그리스도와의 실제적인 삶이 동반되지 않는다면 당신의 꿈, 비전, 당신에게 주어진 계시와 모든 시도들은 실패하고 말 것이다. 당신이 그 분을 알되 잘 알았으면 좋겠다. (당신이 이런 권면에 낯설다면 그 이유는 간단하다. 우리 복음주의자들은 그저 열심히 일하면 하나님의 열매를 거둘 거라 생각한다. 그리스도를 아는 지식과 경험을 가지고 그분을 삶의 중심에 두며 살아가는 사람은 발견하기 어렵다.) 당신의 삶 가운데 그 분의 십자가가 깊이 자리했으면 좋겠다. 당신이 교회에 대한 계시를 가진 사람이라면 더욱 좋겠다. 이 여정엔 기나긴 계절이 필요하기 때문에 당신이 지칠 경우 이 계시가 당신에게 여정을 계속할 힘을 줄 것이다. 유기적인 교회의 입구를 찾는 이들이 마주할 갈등이 있다. 우리가 겪었던 갈등도 있고 앞으로 예상되는 갈등도 있다. 그것은 바로 유기적인 교회가 반드시 제도권 밖에 존재해야 한다는 것이다. 그것도 철저하게! 이후 당신을 따를 사람들에게 더 풍성한 유산을 물려줄 책임은 당신에게 있다.

19. 당신이 넘어야 할 첫 번째 산

당신이 넘어야 할 첫 번째 산은 분명하다. 당신이 유기적인 교회로 돌아가고자 한다면 제도권 기독교를 벗어나야 한다. 그렇게 할 수 없으면 그저 당신이 속한 교단에서 훌륭한 은퇴 계획을 세우고 있는 한 지역교회의 목사에게 만족하라.

20. 이것은 이뤄질 수 있는 일이다

매우 무모한 1세기적 관점으로 교회에 접근하는 이런 시도들은 언뜻 보기에 매우 무모한 연구로 여겨질 것이다.

유기적인 교회라는 것이 정말 가능한 것인가?

그것은 정말로 실재한다. 많은 그리스도인들이 증언할 수 있다. 유기적인 교회는 분명한 실재이다. "홀로 남겨지기로 결정"한 담대한 영혼들을 찾아보라. 그리고 그들에게 물어보라.

기본적인 도움을 받은 후 교회는 홀로 남겨져야 한다. 유기적인 교회는 그때 거기에서 걸어 나온다. 하나님의 사람들은 스스로 생존할 수 있다. 심지어 스스로 번성할 수도 있다. 1세기 교회의 요소들이 자연적으로 그리고 유기적으로 생성되는 현장을 경험한 사람들이 존재한다. 그들이 자신들의 경험을 당신에게 증언할 수 있다. 자신들의 모임 한 가운데서 이 일이 일어났을 때 그들은 경외감에 사로잡혔다. (그리고 당신 역시 그렇게 될 것이다.)

하나님의 백성들은 최소한의 도움 속에 스스로 그 일을 해낼 수 있다. 그럼에도 이런 사실이 복음주의 권 안에선 알려진 적이 없다. 이런 일이 일어나기 위해 필요한 기본적인 환경들이 복음주의 권 사역자들의 눈엔 유용해보이지 않을 것이고 그들의 정서상 그것을 받아들이기에 한계가 있다.

이렇게 한번 생각해보자. 예수 그리스도는 여전히 살아계신다. 우리들의 거듭되는 저항에도 그 분은 자신의 몸을 친히 이끄실 수 있다! 더 정확히 말해, 기독교 사역자들이 길을 비켜준다면 그것이 교회에겐 스스로 자랄만한 환경이 되어준다는 말이다.

주님 예수 그리스도와 그 분의 몸에서 흘러나오는 이 계시가 세상 어디에서나 당연한 일이 되고 어디를 가도 목격되는 에클레시아의 표현이 될 날을 나는 소망한다.

당신이 이 회복의 길을 함께 가려는 사람이라면 다음 한 가지 질문으로 당신 스스로를 가늠해 볼 것을 권한다.

"혹시, 그 유기적 교회들을 당신 자신이 이끄는 상상을 하고 있지는 않은가?"

이것 보시라! 꼭 말해주고 싶은 것이 있다. 하나님의 백성들을 이끄는 자리에서 내려올 마음이 있을 때 당신은 이 길을 갈 수 있다.

"유기적인 교회는 가능하지 않다."고 선언하지 마시라. 그것은 지금도 진행되고 있는 일이다.

오히려 예수 그리스도와의 실제적인 동거를 놓쳐버린 "신약성경적인 교회"를 조심하라. 한 날 한 날의 삶에서 그 분과 실제로 교제하며 그 분을 경험하는 삶을 놓친 "신약성경적인 교회"는 싱거운 구호에 지나지 않는다. 거기에 "아무것에나 성경구절을 가져다 붙이라."는 구호까지 더해지면 그 종착지는 결국 율법주의이다. 그 율법주의는 공포를 유발하고, 그 공포는 필연적으로 생명이 아닌 죽음을 가져온다. "오직 성경으로!"라는 사고방식은 역설적으로 그 성경에서 가장 중요한 요소 하나를 간과한다. 바로 예수 그리스도와의 실제적인 관계! 이 관계는 개인차원에서도, 그리고 에클레시아 전체적인 차원에서도 경험되어야 한다.

당신이 이 길에 들어서기 전에 예수 그리스도를 알되 경험적으로 잘 알아야 한다. 자기중심적 성향에서도 빠져나와야 하고 복음주의적인 사고방식에서도 벗어날 수 있어야 한다.

유기적인 교회를 떠올리며 당신이 지금 막연히 생각하는 것들은 아무런 효력이 없는 것들이다.

지금 내가 말하려는 것의 핵심을 보지 못한다면 당신은 지금까지 수많은 기독교 사역자들이 세대를 거듭하며 반복했던 실수, 그 치명적인 실수에 빠지게 될 것이다. 그 실수란 바로 이것이다. 그리스도인들은 자신들이 그리스도인의 삶을 살 수 있다고 생각한다! 그렇지 않은가! 그러나 그리스도인들은 그리스도인의 삶을 살 수 없다. 당신역시 마찬가지다. 만약 이 단순한 설명이 무엇을 의미하는지 그 핵심을 이해하지 못한다면 당신은 당신의 주님과 그 분을 아는 길에 아직 발을 들이지도 않았다.

우리는 보통 이렇게 생각하는 경향이 있다. "성경이 말하는 것을 잘 듣고 그것을 지키면 그것이 그리스도인의 삶을 사는 것이 아닌가!" 이것이 바로 성경공부가 지닌 허무맹랑한 요소이다. 우리에겐 여전히 성령이 절박하다. 우리는 여전히 내주하시는 주님이 절실하다. 살아계신 주님이 성경에 기록된 그 말씀을 영으로 우리에게 말씀해 주지 않는 한 그 성경은 죽은 문서이다.

과거에도 진리였고 지금도 진리이며 앞으로도 분명히 그러할 한 가지 진리는 '그리스도만이 그리스도인의 삶을 살 수 있다'는 것이다.[10]

대부분의 목사들이 소중히 여기는 교훈 중 하나는, "우리가 하나님 말씀을 제대로 가르치기만 하면 회중석에 앉아있는 모든 신자들의 문제가 해결될 것"이라는 믿음이다. 그러나 그 믿음에도 불구하고 강단에서 계속된 강의식 가르침이 불러온 결과는 무력감과 지루함과 말씀에 대한 반발이었다. 그리고 예상치 못한 결과에 실망한 목사들은 말씀을 가르치는 일에 회의를 느끼고 있다. 어쩌면 그 회의를 극복하기 위한 또 다른 율법들이 곧 등장할지도 모른다.

아니다. 우리는 이러한 전철을 밟지 않을 것이다. 신약성경에 대한 지식을 우리는 내려놓을 수 있다. 그러나 예수 그리스도에 대한 지식만큼은 포기할 수 없다. 그리스도를 아는 지식이 신약성경에 대

---

10) 저자의 또 다른 책 『그리스도인의 삶의 비밀』(순전한 나드)에 이 설명이 잘 나와 있다. 새의 삶을 새가 살고 물고기의 삶을 물고기가 사는 것처럼 그리스도인의 삶은 그리스도가 사는 삶이다. 그리스도인데 사람이 되신 분, 즉 그리스도인(人)이 되신 예수 그리스도께서 사는 삶이 바로 그리스도인의 삶이다. 우리는 그리스도가 아니다. 나사렛 예수! 그 분이 그리스도이다. 그리스도인의 삶은 원래부터 우리가 살 수 있는 삶이 아니다. 우리가 살 수 없는 그 삶을 강제하는 것이 다름 아닌 율법주의이다. 이것은 언어적인 유희가 아니다. 다른 누구도 아닌 자신의 삶을 돌아보면 바로 이해가 된다. 갖은 노력에도 반복적으로 그리스도인의 삶에 실패해오지 않았는가? 자신이 다른 사람보다 특별히 부족해서가 아니다. 그 삶이 내가 살 수 있는 종류의 삶이 아니기 때문이다. 그럼 그리스도인의 삶을 포기해야 하는가? 답은 주어져 있다. 그리스도가 아닌 우리가 그리스도인의 삶을 사는 유일한 방법은 그 분(그리스도)이 우리 안에 들어와 그 분(그리스도)의 삶을 사는 것뿐이다. 바로 내주하시는 그리스도와 함께 사는 삶이다. 이 삶과 신약성경구절을 여기저기서 뽑아내 자신의 삶에 적용해보려는 삶의 차이를 저자가 역설하고 있는 것이다. 역주.

한 지식보다 한 사람의 인생에 더 지대한 영향을 미친다.

처녀 에클레시아가 그리스도를 아는 지식에 이르게 될 때, 그리고 그녀 안에 내재된 유전자를 발휘하여 그녀의 사랑을 표현하도록 홀로 남겨질 때, 그때 그녀에게서 흘러나오는 사랑은 결코 오늘 우리가 소중히 여기는 제도나 조직이 아니다. 그녀는 오늘날의 문명이 해낼 수 있는 어떤 일들을 흉내 내지도 않는다.[11] 그녀가 입을 열었을 때 거기서 흘러나오는 사랑의 표현은 신약성경 구절을 읊조리는 것도 아니다. 그녀는 그녀의 주님을 말할 것이다!! 이것은 타락한 천사를 벌떡 일으켜 세운다. 그녀는 문명의 일부가 아니기에 문명에 속한 모든 것들로부터 눈총을 받을 것이다.

그녀는 보이지 않는 영역에서 왔기에 이 세상의 영역에 속해있지 않다. 그녀는 신성한 특성을 지닌 '생물'이다. 하나님만이 보실 수 있는 새로운 종족이 그녀의 내부에 숨겨져 있다. 그녀는 타락한 세상이 할 수 있는 어떤 일도 흉내 내지 않는다.

타락한 인류가 돌연변이를 통해 새 종(種)이 되었다. 그리고 그 새 종(種)이 그녀의 DNA안에 깃들어 있다. 그 DNA는 그들의 서식처이며 타락한 세계에서 살아남는 유일한 삶의 방식이 된다. 다시 말해서, 그리스도인이란 새로운 사람, 새로운 인간, 새로운 인류, 새로운 창조물, 새 종족이며 그들은 그들만의 새로운 서식지를 갖고 있는 셈이다. (그리스어로 "새 종족"이란 생물학적으로 독특한 창조물을 의미한다.) 우리의 서식지는 이 아름다운 처녀 안에 있다. 그 처녀를 우

---

11) 이를테면 세미나 같은! 역주.

리는 에클레시아라고 부른다. 이 서식지는 지구상의 어떤 장소와도 다른 완벽하고도 안락한 장소, 바로 새 인류를 위한 장소이다. 그녀는 그녀의 새 종족이 자연스럽게 모일 수 있는 장소가 된다. 실제로 그들이 모이는 그 장소가 곧 그들의 모임으로 불린다.

이 땅에 있는 이 처녀들이 한 처녀의 몸으로 연합되었을 때, 심지어 그녀는 예수 그리스도의 유전자를 가진 것처럼 보인다.

그녀의 전성시절, 그녀는 그 남자를 참 많이 사랑했다! (그리고 그 남자가 "그것(it)"이 아닌 "생물(him)"이듯이, 그녀 역시 "그것(it)"이 아닌 "생물(her)"이다. 그녀의 신랑이 생물이기에 그의 신부 역시 생물일 수밖에 없다.)

이러한 사실들이 당신을 사로잡을 때, 그때 당신은 당신의 코를 틀어막은 후, 신자들의 유기적인 몸에서 흘러나오는 그 오염되지 않은 강물에 뛰어들 수 있다.

21. 시간적인 요인

회복을 위한 첫 발을 내딛기 위해선 이전에 시도했던 어떤 출발보다도 더 많은 시간이 걸린다는 사실을 기억해주기 바란다!

1세기 신자들은 뭔가를 배우려고 그 자리에 있지 않았다. 그들은 공부할 신약성경을 가지고 있지도 않았다! 그들이 지니고 있던 두 가지는 그들 안에서 실제 살아 역사하시는 내주하시는 주님과 "에클레시아"라고 불리는 연합된 몸이었다. 그 몸은 인위적인 어떤 일을 하도록 길들여지지 않은 모임이었다. 그들은 속에서 우러나오는 사랑으로 서로를 대했고 그것은 주님 예수 그리스도를 동시적으로 경험했을 때 그들 안에서 자동적으로 흘러나오는 어떤 것이었다. (우리는 그들이 했던 그 사랑을 인위적인 방식으로 배우는 데에 1800년이란 시간을 써버렸다. 그 많은 시간을 보냈음에도 우리는 그들이 단 순간에 배웠던 것들을 다 배우지 못하고 있다.)

복음주의자들이 지니고 있는 현재의 사고방식(너무 오래 동안 우리 속에 축적되어 왔기 때문에)이 깨지기까지는 앞으로 3백 년은 더 필요할지 모른다. 어쩌면 그때까지도 지금 여기서 발견되는 그런 관행들이 도처에 남아있을지도 모른다.

그토록 오랜 세월이 필요한 이유가 하나 더 있다면, 그것은 바로 우리의 타락한 본성!

22. 가장 중요한 한 요소

초기교회, 그리고 그 안에서 함께 살던 사람들은 그리스도를 함께 경험하고 있었다. 우리는 그 밖의 다른 무엇보다도 이 한 가지 요소를 잘 이해해야 한다. 유기적인 교회란 그리스도를 함께 경험해가는 사람들이다. 그리스도 그 분 자신의 손.발.눈.코.입 … 등은 그 경험에서 태어나고 성장하는 기능들이다. 다른 말로 하면 우리는 성경이 말하는 놀라운 것들을 함께 찾아 나선 사람들에 다름 아니다.

서로 "기능" 한다는 것은 무엇을 의미하는가? "그리스도의 몸으로 기능한다는 것" 은 실제 무엇을 뜻하는가?

그리스도의 몸은 그리스도의 한 부분이다. 그 몸은 오래 전 갈릴리에서 그 분의 영에 따라 움직이며 여러 일을 수행하였다. 그리스도께서는 지금 역시 그때 거기서 하시던 일을 수행하고 계신다. 그때와 지금의 차이가 있다면 그 분의 몸에 약간의 변화가 생겼다. 지금은 에클레시아가 그 분의 몸이다. 이 말은 에클레시아가 어떤 기능을 할 때 그 기능을 하고 있는 몸 자신이 바로 그리스도 그 분이란 사실을 의미한다. 몸의 지체들을 통하여 기능하는 그리스도! 아니 더 정확하게 표현하면 그리스도께서 활동하실 때 그리스도의 몸이 그 분의 활동을 표현하고 있는 것이다.

우리가 회복해왔던 것들과 앞으로 회복되기를 바라는 모든 것들은 주님을 함께 경험해나가는 신자들의 일상에서 자연스럽게, 단순하게, 그리고 유기적으로 확인되는 것들이어야 한다.

그것은 지극히 그리스도 중심적이어서 오늘날의 복음주의 권 영역에서는 거의 존재하지 않는 어떤 것들이다.

나는 여기서 장밋빛 환상을 펼치고 싶지 않다. 사실을 말하겠다. 내가 지금 말하는 주님의 몸을 이루고 그 기능을 회복해가는 여정은 당신이 상상하는 것 이상으로 많은 문제들과 직면한다! (하지만 잊지 말아 달라. 그 문제들에 대한 해결책이 당신에게 남겨진 유산 속에 한 부분으로 녹아 있다.) 문제가 존재한다. 하지만 그 분의 백성들은 시련과 고난을 겪으며 위기도 함께 경험하고 승리도 함께 경험할 것이다.

다시 상기시킨다. 몸 전체가 예수 그리스도와의 생동적이고 역동적인 관계를 맺지 못한다면 이 책에 언급된 어떤 일도 실제적으로 일어나지 않는다! 에클레시아 전체에게 그 분을 친밀하게 알아나갈 기회가 우선 주어질 필요가 있고 그와 같은 교회생활을 시작할 실제적인 계기가 필요하다. 잠시 에클레시아를 도운 후 그곳을 떠나는 순회교회개척자들의 역할이 절대적으로 필요한 지점이 바로 여기이다.

23. 내게 가장 두려운 일

당신이 지금까지 읽었던 것들이 제도권에 몸담은 어떤 사람의 마음을 사로잡을 수도 있다. 그때 그가(혹은 당신) 떠올린 계획(혹은 음모)이 무엇인지는 하나님께서만 알 수 있다.

반면에, 그가 곧 실패할 것이라는 사실을 미리 알아두는 것은 큰 위안이 된다.

그의 계획은 중요한 한 가지를 빠뜨리고 있기 때문이다.

그리스도께 나아가는 길고 고독한 여정이 필요하다는 것을 그는 모르고 있다. 그것은 유기적인 교회에 있어서 필수적인 요소이다.

하나님의 백성들에게 제안하기 전에 당신 자신이 먼저 그 여정을 경험해야 한다. 그리고 당신이 사는 그날그날 삶의 이유와 본질이 이 여정 속에 담겨져야 한다.

그러한 여정이 필요하다는 사실에 많은 이들이 공감하고 인정한다. 그렇지만 적은, 아주 적은 사람만이 그 여정을 실제 감수할 것이다. 다행스럽게도 결과는 머잖아 드러난다. 거의 대부분의 사람들이 넘어서지 못하는 선이 있다. 주님의 임재 안에 살며 불평 없이 십자가를 맞이하는 지점! 대부분은 멀리가지 못하고 쓰러지는 듯하다.

하지만, 그리스도를 알기 위해, 그리고 에클레시아를 경험하기 위해 그들의 전통적인 목회를 포기하는 몇 안 되는 사람들이 있다는 사실은 놀랍다.

이 보기 드문 역사에 하나님께 영광을!

24. 회복과 당신의 역할

횃불을 드시라. 그 처녀를 데려오라!

신약성경을 들여다보며 1세기의 능력과 기적 등을 회복할 필요가 있다고 말하는 사람들이 있다. 그러한 주장은 완두콩 깍지에서 완두콩 한 알을 들여다보는 것이나 다름없다. 유기적인 교회란 몸 전체의 회복을 의미한다. 그녀 에클레시아는 그녀의 본성 중 한 요소를 과도하게 강조하며 여타의 소중한 요소들을 무시하지 않는다. 또 몸에 필요한 한 가지 요소를 위해 질주하는 경우도 없다. 유기적인 교회는 "유기적"이라는 그 말이 이미 내포하는 의미와 정확한 일치를 이룬다. : 생물학적인 존재.

지금 그녀에게 결핍된 요소는 무엇인가? 거의 없다. 그녀는 그녀에게 필요한 모든 기능을 이미 그녀 안에 소유하고 있다. 그녀에게 결핍된 딱 한 가지가 있다면 그것은 현재의 모든 관행들과 사고방식을 벗어던지고, 유기적인 그녀의 본성회복에 생사를 건 하나님의 백성들뿐이다.

횃불은 준비되어 있다. 그 횃불을 높이 들 사람들이 필요하다.

2부●오직 평신도들이 교회를 이끌 때

읽기 전에…

1995년, 펜실바니아에서, 형제들을 위한 컨퍼런스가 열렸습니다.

그 영광스러운 주말에 제가 전했던 메시지를 거의 편집 없이 이 책에 담았습니다. 이 글을 읽는 분들께서는 제가 그때 나누었던 말씀을 생생하게 듣는 셈입니다.

진 에드워드

1. 우리가 잃어버린 유산

형제 여러분은 지금까지 그리스도인이라면 마땅히 누려야할 엄청난 특권을 누리지 못했습니다. 그리고 여러분이 그렇게 살아왔다는 사실조차 모르고 있습니다. 사실은 여러분뿐 아니라 지난 1700여 년 동안 이 땅을 살다간 거의 모든 그리스도인들이 그러했습니다.

제가 지금 무슨 말씀을 드리고 있는 것일까요? 이 땅의 첫 교회, 1세기 교회는 그들 자신의 삶을 동료 형제자매들에게 의탁했습니다. 그들은 목사나 장로들에게 교회의 열쇠를 맡기지 않았고 그들의 생존과 운명을 목사들의 손에 위임하지도 않았습니다. 교회의 생존은 오히려 **형제**의 손에 달려있었습니다. 저는 오늘 이 자리에서 그 분명한 사실을 입증해나갈 생각입니다.

본래 형제 여러분에게 주어졌지만 지금은 여러분안에 없는 무언가가 있습니다. 그것을 발견하도록 돕는 것은 하나님 앞에서 저의 부르심과 깊은 관련이 있습니다. 사실 이 부르심은 저뿐 아니라 **모든 목사들의 부르심**이어야 마땅합니다. 왜냐하면 이 소명을 위해 하나님께서 우리 목사들을 부르셨기 때문입니다.

여기 계신 여러분 모두가 '남성'이라는 사실에 주목하여 오늘 제가 드리는 말씀을 숙고해주시기 바랍니다. 우리 남성들 안에는 우리가 암묵적으로 동의한 기독교 전통이 있습니다. 그리고 우리는 그 전통 안에서 성장해왔습니다. 어떤 전통을 말합니까? '교회빌딩,' '설교단,' 그리고 '남성'으로 이루어진 일련의 기독교 전통! 남성들만 참석한 오늘 이 자리에서 형제 여러분 스스로 질문해보시기 바랍니다. 여러분은 남성입니다. 그리고 하나님나라의 백성입니다. 하나님나라의 백성인 동시에 남성인 여러분에게 기독교 전통이 기대하는 역할이 무엇이라고 생각하십니까?

현대 기독교에서 그리스도인인 우리 **남성**에게 거는 기대와 요구하는 역할이 무엇인지를 제가 있는 그대로 묘사해보겠습니다.

주일오전 8:30. 여러분은 **정장**이라고 부르는 그 지긋지긋한 옷을 꺼내 입고 아이들을 주일학교에 보내는 문제로 아내와 한바탕의 전쟁을 치릅니다. 그다음 "남성"인 여러분은 여전히 씩씩거리며 "교회에 **다녀오기 위해**" 자동차를 운전합니다. 그리고 남성인 여러분은 교회 빌딩 속으로 걸어 들어갑니다. (여러분이 남성이라는 사실에 계속 주목하시기 바랍니다.) 남성인 여러분이 교회 빌딩 속으로 걸어 들어가는 순간 기독교 전통이 여러분에게 기대하는 모든 요구는 끝납니다. 기독교 신앙을 가진 모든 남성들에게 기독교 전통이 바라는 것은 정장을 차려입고 교회 건물 속에 들어와 장의자에 착석하는 것,

오직 그것뿐입니다. 거기서 여러분의 역할은 최종적으로 완성되는 것입니다.

그 다음에 여러분은 한 편의 연설을 듣습니다. 그 연설은 아리스토텔레스가 당시 수사학(rhetoric)이라고 불렀던 그리스-로마전통의 웅변술을 뿌리로 둔 설교입니다.[1] 남성인 여러분은 이제 남성으로서의 역할을 끝냈습니다. 기독교 안에서 남성 그리스도인에게 주어진 역할은 그것뿐입니다. 그 역할을 성공적으로 완수한 것입니다. 이제 평신도석에서 일어나 집으로 가면 그만입니다.

그 뿐입니다!! 그것이 하나님나라에 속한 남성으로서 여러분에게 주어진 역할의 전부입니다.

분명히 말씀드리건대, 처음엔 그렇지 않았습니다.

형제 여러분은 스스로를 침묵하는 사람, 평신도로 여기고 그렇게 인정해왔습니다. 그리고 여러분이 생각하는 기독교 신앙은 곧 그것이 전부입니다. 특별히 교회와 연관 지어 말한다면 여러분은 사제, 목사, 또는 장로들에게 전적으로 의존하는 존재입니다.

---

[1] 큰 목소리로 부르짖다 갑자기 소리를 낮춰 소곤거리듯 말하고, 여러 비유와 지식을 곁들여 대중들을 울리고 웃기던 연설법. 당시엔 이것이 하나의 학문으로 인정받다. 역주.

"남성"이라는 그 단어를 잘 생각해보십시오. 지구 위를 떠도는 모든 '말'들은 우리가 무엇을 생각하는지, 그리고 우리를 둘러싼 환경이 어떤 상태인지를 드러냅니다.

형제 여러분은, 아니 기독교 세계는 부지불식간 그러한 믿음의 삶을 수용해왔습니다. 어떤 믿음? 십자가 첨탑의 건물 안에 들어가, 평신도석에 앉아 있다가, 일어나서, 집으로 돌아가는 믿음의 삶, 그것이 여러분에게 주어진 역할이라고, 단지 그것 뿐이라고, 더구나 "형제"들에게 있어서 그 이상은 없다고, 그리스도인 남자로서 여러분이 할 수 있는 일이란 그것이 전부라고, 그것만이 여러분이 해야 할 마땅한 일이라고! 그러나 그것은 절대 형제 여러분에게 주어진 역할이 아닙니다. 그렇다고 다른 누구에게 주어진 역할도 아닙니다. 그것은 여러분이 수용할 방식도 아니고 옳지도 않은 방식입니다. 오히려 그 방식을 혁명적으로 바꿔낼 책임이 여러분에게 주어졌습니다!! 그것은 소심한 변화를 요구하지 않습니다. 사소한 변화를 추구하는 것도 아닙니다. 급진적이고도 격렬한 혁명을 요구하고 있습니다!

에클레시아 안에서 가장 창조적인 동력이 지금껏 묶여 있었습니다. 이것을 기억하시기 바랍니다. 남성이란 종족이 언제나 이런 방식으로 존재해온 것은 아니었습니다.

현재의 기독교 관행으로 볼 때 "교회"라는 존재가 어떤 이미지인지, 특별히 그리스도인 남성들에게 교회란 어떤 이미지로 다가오는지를 생각해보시기 바랍니다!

교회 안으로 한번 들어가 봅시다. 우선 가톨릭교회로 시작해서 점차 다른 교회들을 둘러보겠습니다.

가톨릭 신자들의 모임에서 남자들을 찾아보기란 그렇게 쉬운 일이 아닙니다. 여성들이 압도적으로 평신도석을 채우고 있습니다. 침례교회 안으로 들어가 보겠습니다. 세 사람 중 두 사람이 여자입니다. 오순절교회 안으로 들어가 보면 그나마 비율이 올라갑니다. 아주 조금! 그것이 현실입니다. 솔직히 말해서 그것은 우리가 이미 예상했던 바입니다. 왜 그럴까요? 거기엔 형제 여러분을 위해 준비된 어떤 것도 없기 때문입니다.

적어도 이 시점에서 기독교는 남성들을 위한 종교는 아닌 것 같습니다. 사실은 지난 2천년 동안 그렇게 존재했습니다. 이 종교가 여러분의 삶에 영향을 주었습니까? 만약 그렇다면 돌아보시기 바랍니다. **형제 여러분의 삶**에 무슨 영향을 주었습니까? 이 시나리오는 수정될 필요가 있습니다. 특별히 형제 여러분의 역할과 관련된 부분에서 말입니다. 어째서 형제 여러분이 몽유병 환자처럼 한 건물을 오가며 위조된 기대에 부응해야 한단 말입니까?

교회란 곳이 어째서 남성들에게 그리도 매력 없는 장소가 되었을까요? 수십 가지의 이유가 있겠지만 가장 분명한 원인이 있습니다. 그것은 지루하기 때문입니다!! (더 솔직히 말하면 지루한 것은 여성들에게도 마찬가지입니다. 사실 교회는 모든 이들에게 지루합니다!)

간단히 말해서, 현재의 기독교 관행은 형제 여러분이 주인공이 될 만한 모든 요소들을 아예 삭제해버렸습니다.

그러나 교회가 언제나 그랬던 것은 아니었다는 사실을 말씀드리고 싶습니다. 어떡해서라도 그 사실을 보여드리고 싶은데 어떻게 말씀드려야 좋을지 모르겠습니다. 형제 여러분이 지금까지 상실해온 것이 무엇인지를 설명 드리기 위해, 저는 1세기 신자들이 주로 사용했던 "용어"들에 주목해보고 싶습니다. 특별한 의미를 담고 있었던 용어가 아니라 그들이 무의식적으로 사용했던 단어, 그들 자신도 모르게 그들의 입술에서 흘러나왔던 그 용어 말입니다!

우리들에겐 우리의 삶을 통째로 드러냄에도 실제로 본인은 그 사실을 전혀 의식하지 못하는 어떤 용어가 있습니다. 예를 들어, 만약 여러분이 정비사, 배관공, 컴퓨터 관리자, 건설 노동자라면 여러분 각자는 여러분만이 사용하는 독특한 용어, 즉 다른 사람들은 많이 사용하지 않는 어떤 용어를 가지고 있을 것입니다. 그리고 여러분 자신은 그 사실을 의식하지 못하겠지만 여러분이 사용하는 그 용어는 다른 사람들에겐 낯설게 다가오는 말들일 것입니다. 여러분의 건강을 돕는 의사의 처방을 들어보신 적이 있습니까? 그 의사는 여러분이 듣기에 낯선 용어를 사용합니다. 그러나 그에겐 그 용어가 그의 삶 대부분을 차지하는 익숙한 말일 것입니다. 그 의사가 그 용어를 반복적으로 사용해가며 여러분을 도울 때 그 의사는 자신이 사용하는 그 용어를 여러분도 잘 알고 있을 거라 생각합니다.

여러분이 컴퓨터 전문가라면 저는 여러분이 사용하는 용어들을 이해하지 못할 것입니다. 그럼에도 여러분은 여러분이 사용하는 그 용어들이 독특하다는 사실조차 의식하지 못합니다. 그것은 여러분 자신의 삶을 둘러싼 환경으로 인해 여러분이 가지게 된 용어이기 때문입니다. 그러나 그 용어는 여러분의 이름만큼이나 여러분이 누구인지를 다른 사람들에게 노출시키는 독특한 용어입니다.

1세기 그리스도인들에게도 바로 그런 용어가 있었습니다. 그들 자신은 무의식적으로 사용했지만 사실은 그들이 누구인지를 그대로 드러내주는 용어!

우리 시대의 다양한 기독교 그룹들이 무의식적으로 사용하는 용어만 생각해봐도 제가 드리는 말씀이 사실이란 걸 알 수 있을 것입니다. 예를 들어 한 무리의 기독교 근본주의자들(fundamentalists)에게서 여러분이 주로 듣게 될 단어들은 무엇이겠습니까? (회개, 구원, 불

지옥, 공화주의자, 영생, 의로움, '성경말씀에 따르면~' 도덕)2)

이번엔 네비게이토, 캠퍼스 십자군, 예수전도단 같은 초교파 선교 단체들을 생각해봅시다. 이들로부터 여러분이 듣게 될 그들만의 독특한 용어들엔 무엇이 있을까요? (지상대명령, '하나님은 당신의 삶에 놀라운 계획을 가지고 있습니다.' 제자도, 사영리(四靈理), 선교, 비전, 영적인 승리, 전도) 3)

독실한 미국 침례교 신자들로부터 듣게 될 용어들은 무엇이겠습니까? (애니 암스통(Annie Armstong) 코업 프로그램(co operative program) 집사, 십일조, 침례, 한번 받은 구원은 영원한 구원, 로티 문(Lottie Moon), 침례교 선교의 수호성인으로 여겨지는 중국선교사. 역주. 목회, 목사, 청년사역자)4) 그렇습니다. 목수의 입에서 해머, 톱, 정, 줄자, 다림줄 같은 용어들이 자연스럽게 튀어나오는 것처럼, 여러분이 지금 말한 그 용어들이 남침례교회의 핵심이 무엇인지를 반영하는 말들입니다.

가톨릭교회에서 우리가 듣게 될 용어들은 무엇이겠습니까? (제뉴플랙-미사를 드릴 때 한쪽 무릎을 꿇고 기도하는 것. 역주- 전통, 묵

---

2) 여기 나온 대답들은 진 에드워드의 질문에 모임에 참석한 사람들이 답한 것들이다.
3) 진 에드워드의 질문에 모임에 참석한 이들의 대답
4) 진 에드워드의 질문에 모임에 참석한 이들의 대답.

주, 미사, 성수, 고해성사, 순종, 성모)5)

여러분이 오순절 교도들 주변에 있다면 그땐 어떤 용어들을 주로 듣게 될 것 같습니까? (성령, 기적, 표적, 능력, 믿음의 말씀, 환상, 성령세례, 방언)6)

만약 여러분이 형제교회(Plymouth Brethren) 안으로 들어갔습니다. 그때 듣게 될 용어는 무엇이겠습니까? (두건(head covering), 영적교감, 주님의 만찬, 주님의 날)7)

이 모든 그룹들은 그들만의 **사고방식**이 있습니다. 그리고 그 **사고방식**이 그들이 사용하는 일상적인 대화, 즉 그들 자신은 무의식적으로 사용하지만 그들이 어떤 세계에 사는지를 드러내주는 몇몇 용어들 속에 담겨 있습니다.

가정교회 운동을 들여다볼까요? 가정교회 운동에서 흘러나오는 용어들에는 무엇이 있을까요? (친교, 위탁, 더 깊은 그리스도인의 삶, 코이노니아, 성경공부, 말씀, 제도권 교회 밖, 셀 그룹, 사회적 관심, 여성들의 권리, 가정교회신학.8)

---

5) 진 에드워드의 질문에 모임에 참석한 이들의 대답.
6) 진 에드워드의 질문에 모임에 참석한 이들의 대답.
7) 진 에드워드의 질문에 모임에 참석한 이들의 대답.
8) 진 에드워드의 질문에 모임에 참석한 이들의 대답.

제가 여러분이 미처 찾아내지 못한 한 가지를 말해볼까요? 형제 여러분의 사고(思考)에서 가장 큰 영역을 차지하는 핵심적인 요소가 있습니다. 여러분 자신은 자각하지 못하지만 사실은 여러분의 삶에 막대한 영향을 미치는 어떤 것입니다. 그것을 나타내는 분명한 용어가 있다고 볼 수도 있지만 사실은 없을 수도 있습니다. 그러나 이 작은 관습은 모든 신자들의 핵심으로 존재하며 그야말로 기독교 세계 전체를 움직이는 요소입니다. 그럼에도 우리들은 우리가 그런 관습을 가지고 있다는 사실 자체를 인식하지 못하고 있습니다.

제가 지금 무슨 말씀을 드리는 것일까요? 예를 들어보겠습니다.

제 친구 중 한 목사가 전화로 그의 목회가 어떤지 제게 말해줍니다. 그가 자신의 목회를 저와 나눌 때에 그 자신은 인식하지 못하지만, 지금 제가 여러분에게 말씀드리는 바로 그 무의식적인 사고(思考)가 강력하게 반영된 입장을 그는 드러냅니다. 무엇입니까? 바로 목사의 시각입니다. 그의 언어는 **목사의** 언어이고 그의 사고는 **목사 중심적**입니다. 그는 **그의** 사역에 대해 말합니다. 그가 말했던 것, **그가** 행했던 것, **그가** 하고 있는 것, 그리고 **그가** 맺은 결과들. 모든 것이 **목사** 중심적입니다.

최근에 가정교회를 개척한 텍사스 주의 한 형제로부터 전화를 받았습니다. 그는 거기 가장 큰 도시 중 한 곳에서 5백 명이 넘는 형제와 모임을 갖고 있었고 그 형제들은 그 도시의 전역에서 그곳으로 모여들고 있었습니다. 그 가정교회에 대해 그는 거의 한 시간 넘게 쉴 새 없이 제게 들려주었습니다. "주님께서 제게 ~을 보여주셨습니다. / 여러 문제들을 가지고 있는데 주님은 이 문제들에 대해 제게 ~라고 말씀하셨습니다. / 우리는 다양한 상황에 직면하고 있지만 결국 저는 모든 사람들 앞에서 ~한 결론을 내렸습니다. … " 지금 이 대화 속에서 단 한 번도 언급되지 않는 존재가 있습니다. 어떤 존재를 말하는지 아시겠습니까? 바로 **여러분**입니다. 여러분이 존재하지 않습니다. 저는 지금 그 목사가 "평신도"라는 용어를 사용하지 않았다는 사실을 지적하는 것이 아닙니다. 그가 여러분의 존재를 결코 의식하지 못하고 있음을 말씀드리는 것입니다. 그는 그 자신 외엔 누구도 언급하지 않습니다. 그는 결코 여러분 형제들을 말하지 않습니다. 그의 사고는 **여러분** 중심이 아닙니다. 그는 **목사** 중심의 마인드를 가지고 있습니다.

그것은 여러분 역시도 마찬가지입니다. 그리스도인의 사역이나 그리스도인이 직면하는 문제에서 여러분은 먼저 "목사"나 "목회"를 떠올립니다.

형제 여러분, **여러분**은 그리스도인형제들인데 **여러분의 사고** 안에는 여러분이 존재하지 않습니다. 그곳의 제일 앞자리에 목사와 목회사역이 존재합니다.

목사들은 목회를 생각합니다. 그런데 **여러분도** 목회를 생각합니다. 여러분은 형제들인데 여러분의 자리를 생각하지 않습니다. 그리스도인들 안에는 독특한 심리적 경향이 있습니다. 이 사고방식은 전세계적으로 퍼져있고 고대로부터 흘러오고 있습니다. **여러분과 기독교 세계 전체는 스스로를 목사들에 의해 이끌리는 존재로 자각하고 있습니다.**

이것을 한번 생각해보십시오. 여러분이 내년에 어떤 집회에 참석할 계획을 세우고 있습니다. 평신도인 형제 여러분이 거기서 하실 일은 무엇입니까? 여러분은 가서, 자리에 앉아, 목사의 말을 듣다가, 일어나 집으로 돌아올 것입니다.

여러분이 내년에 인생 일대의 문제를 만나게 되었습니다. 주변에 가까운 목사가 있다면 여러분은 그 목사를 찾아가 무엇을 해야 할지 물을 것입니다.

여러분 중 몇 몇이 교회에 출석하지 않으면서 소모임을 갖고 있습니다. 그리고 여러분은 여러분의 모임이 곧 교회로 전환될 필요가 있음을 느낍니다. 그 다음엔? 여러분의 모임이 교회가 되기 위해 여러분은 무슨 결정을 내리게 될까요? 그렇습니다. 여러분은 목사를 초청할 것입니다.

형제 여러분 중 한 사람이 어느 날 자신의 집에서 작은 가정교회를 시작하였습니다. 그 모임이 깨질 수도 있지만 의외로 잘 될 수도 있습니다. 그러나 한동안 그렇게 모이다가 여러분은 목사를 가진 교회가 되기로 작정할 것입니다. 모든 모임들은 결국 목사로 귀결됩니다. 그것이 그리스도인의 믿음생활이라고 무의식적으로 생각하기 때문입니다. 피할 수가 없습니다. 살아남기 위해선 어쩔 수 없습니다. 목사는 그리스도인의 삶에 필수적인 요소가 되어버렸습니다.

목사, 혹은 모임을 이끄는 어떤 지도자를 배제한 채 여러분은 그리스도인의 삶을 꿈도 꾸지 못합니다. (장미를 다른 어떤 이름으로 불러도 그것은 여전히 장미인 것처럼, 어떤 모임의 지도자를 목사라는 이름으로 호칭하지 않더라도 한 사람이 그 모임을 지배하는 한 그 사람은 여전히 목사일 뿐입니다.)

어떤 종류의 목사도 존재하지 않는 기독교?

그것이 과연 가능할까? 가정교회운동 안에서도 **목사** 없는 교회란 불가능하지 않을까?

이런 사고구조 까닭에 저는 가정교회운동 안에서조차 아름답게 피어나는 에클레시아의 생명을 목격한 적이 없습니다. 그들이 말하는 가정교회란 가정성경공부를 좀 은혜롭게 표현한 정도에 그치고 있습니다. 모임에 참석한 모든 사람들이 대화를 나누지만 그 대화는 그렇게 깊지 않습니다. 성경구절이 간혹 들어가는 정도의 어떤 대화, 그리고 그 뒤에 과자와 빵이 곁들여진 약간의 교제, 그러고 나서, "참 좋았어요." 서로 격려하고 모두가 집으로 돌아가는! (우리가 이것을 "그리스도의 몸의 회복"이라고 부를 수 있을까요?!)

또 다른 유형의 가정교회도 있습니다. 한 그룹의 사람들이 가정에서 모입니다. 그런데 거기에 목사가 등장합니다. 그리고 그 목사가 모든 사람들에게 설교하고 그가 모든 사람들을 격려하고 용기를 북돋습니다. 그가 거기 있는 동안만큼은 사람들이 힘을 얻습니다. 그러나 그 **목사가** 다른 사역지로 떠나고 나면 그가 다시 돌아와 그들을 격려하고 세워주기까지 모든 사람들이 조금씩 무기력한 상태로 돌아갑니다.

여타의 다른 운동이나 기독교단체들처럼 가정교회 운동 역시 목사들에게 의존하고 있습니다. (아니면 장로들!). 모든 교회들이 그들의 운명을 목사나 장로의 손에 위임하고 있는 것입니다.

여러분이 그리스도인으로서 구사하는 용어들을 주의 깊게 듣고 생각해보십시오. 그러면 여러분이 사용하는 그 용어들이 지금 제가 드리는 말씀이 사실이란 것을 증명할 것입니다.

여러분 스스로는 그것을 모르고 있지만 여러분 모두는 그 굴레에 매여 있습니다.

기독교 역사는 세기를 거듭해 이제 세 번째 천년의 시대를 맞았습니다. 하지만 전혀 변화 없이 과거의 전철을 밟고 있습니다. 여러분이 무슨 새로운 정보를 얻었던지, 얼마나 오래 신앙생활을 해왔던지 상관없이 여러분은 여전히 **평신도**일 뿐입니다. 그저 앉아서/듣는/평신도. 그것이 기독교가 흘러온 방식이고 또한 앞으로 흘러갈 방식입니다. 돌아오는 주일 아침, "교회에 다녀오면서" 과연 몇 명의 평신도가 그 모임에서 활약하는지 헤아려보십시오. 앉아서 듣는 것 외에!

나는 목사입니다. 그것에 대해 하나님께 감사하고 있습니다. 하지만 목사인 내가 "나"를 생각할 순 없습니다. 나는 "형제들"을 염두에 두어야 하는 존재입니다. 이것은 형제 여러분 역시 마찬가지입니다. 여러분도 이 관점으로 돌아와야 합니다. 우리의 할 일은 목사직에 오르는 것도, 목회도 아닙니다. 목사의 역할은 형제에게 교회를 위임하는 일입니다. 다시 말씀드리지만 나는 오늘 이 자리에서 재론의 여지가 없는 그 사실을 성경적으로 확실히 증명할 것입니다! 교회의 리더십과 운명은 평신도들 안에서 빚어지도록 그렇게 설계되어 있습니다.

그러나 형제 여러분, 주의하십시오. 그렇지 않으면 이상한 소리가 귀에 들릴지 모릅니다. "맞아! 바로 그거야. 우리 돌아가서 설교자를 제거하자." 그것은 바른 방식이 아닙니다. 기독교 세계는 너무 왜곡되어 있어서 목사가 없어지는 그 순간 모든 것이 산산조각날 수도 있습니다.

기독교 세계는 현재 쉽게 패러다임 전환이 일어날 수 있는 구조가 아닙니다. 현재의 기독교는 지역교회 목사와 그 목사의 목회에 철저히 의존하도록 설계되어 있습니다. 이 목사라는 인물은 그야말로 기독교와 관련된 모든 영역에 얽혀있는 핵심적인 존재입니다. 그를 제거한다면 그 밖의 모든 것이 무너질 수밖에 없습니다.

형제가 이끌어나가는 교회! 기독교는 그런 교회를 개척하는 방식을 모르고 있습니다. 우리는 지난 1700년 동안 그 방식을 상실한 채 살아왔습니다.

이제 제가 전해드릴 말씀은 언제나 앉아 듣기만 했던 가련한 평신도들에게 극히 중요한 메시지가 될 것입니다. 마틴 루터조차도 견딜 수 없을 혁명적인 말씀을 여러분은 듣게 될 것입니다. 하지만 여러분이 곧 이 틀에서 해방될 거라는 희망의 말씀을 드릴 순 없습니다. 이미 굳어져버린 이 틀은 지금 우리가운데 엄히 존재하고 있습니다. 그리고 앞으로도 계속 존재할 것입니다. 우리는 이 굳어져버린 방식에 변화를 가할 수 없습니다.

(누군가 여러분에게 다가와 시공간 안에서 시공간을 초월해 주님 예수 그리스도를 알고, 느끼고, 만나고, 교제하며 그 분과 동행하는 방식을 보여주지 않는 한) 여러분은 극히 중요한 핵심적인 한 요소를 **결코** 듣지 못할 것입니다. 분명히 말씀드릴 수 있는 것은 오늘 이후 여러분이 다시는 여러분의 교회로 돌아가지 못할 수도 있다는 사실입니다. 물론 이제 듣게 될 그 새로운 세계를 여러분이 이 땅에서 누리지는 못할 것입니다. 그럴지라도 1700여 년 만에 처음으로 지난 2천년 동안 이 땅에 존재하지 않았던 무엇인가에 대해 여러분은 알게 될 것입니다.

이제 앞서 말씀드렸던 그 **용어**의 문제, 즉 본인은 정작 무의식적으로 사용하지만 실제로는 그 사람의 삶을 계시하는 어떤 용어가 존재한다는 그 주제로 돌아가 보겠습니다.

근본주의자들은 자신들이 지키고자 하는 근본주의 사상을 가지고 있습니다. 성경공부를 하는 사람들은 성공공부에 깊이 **빠져** 있습니다. 초교파 선교단체들은 영혼전도에 심혈을 기울입니다. (그들이 한 사람씩 전도한 사람들로 그들의 방이 가득 차든 말든 그들은 지상대명령(the great commission)을 수행하러 뛰어다닐 것입니다.) 침례교인들에겐 그들이 지켜나갈 제도와 기관들이 있습니다. 형제교회(Brethren)는 그들의 아버지 존 다비(John Darby)와 그들이 소중히 여기는 성경구절들을 사활을 걸고 지킬 것입니다.

그러나 그들 중 **어느 누구도** 여러분을 위한 공간을 준비한 사람들은 없습니다. 그럼에도 불구하고 평신도인 형제 여러분은 한 때 믿을 수 없는 유산을 상속받은 분들입니다. 그것은 너무 오래전에 상실되어 한때 우리 믿음의 핵심이었던 그 유산을 뭐라고 정의할 수조차 없는 지경에 이르렀습니다.

이제 여러분에게 드러내려는 그 말씀에 대해 저는 민망한 마음을 가지고 있습니다. 그럼에도 의미 없는 변화를 꾀하려는 우리의 노력들이 얼마나 헛된 일인지 간파하는 데는 분명 도움이 될 것입니다.

최근에 매우 훌륭한 시도가 있었습니다. 그것은 복음주의 진영에서 등장한 아름답고 신선한 운동이었습니다. 그러나 그 새로운 시도는 지난 1700여 년 동안 돌같이 굳어진 우리의 사고방식에 곧 직면하고 말았습니다.

어떤 사고방식? 평신도 형제들은 침묵을 지키며 평신도석에 앉아 있어야 한다는!

이유가 있습니다. 이 사고방식은 현재 우리 안에서 거대한 규모로 거대한 영향력을 행사하는 유일한 사고방식이기 때문입니다. 결국 이 아름답고 신선한 운동 안에서조차 여러분에게 주어진 자리는 침묵하는 평신도석이었습니다. 종종 6만 명 이상의 형제가 경기장을 가득 채웠던 그 평신도 집회를 여러분도 알고 계실 것입니다. 형제들은 그 집회에서 서로를 부둥켜안고, 울고, 부르짖고, 외치고, 찬양했습니다. 그것은 참으로 아름다운 광경이었습니다. 하지만 그 다음 벌어진 일들은 무엇입니까? 그들은 자리에 앉았습니다! 그 다음엔 또 무엇을 했을까요? 그들은 앉아서, 목사들의 말을 들었습니다. 그 다음 일어나 집으로 돌아갔습니다. 이들은 그 집회에서 교회에 나가도록 권면을 받았습니다. 집으로 돌아간 후 그들이 실천으로 옮길 수 있었던 일은 무엇이었을까요? 제일 먼저 양복을 꺼내 입는 일이었습니다. 그다음 정해진 한 건물로 걸어 들어가, 자리에 앉아… 이제 그 나머지는 여러분이 잘 알 것입니다. 결국 이 아름다운 운동은 더 이상 갈 곳을 잃었습니다.

"앉아서 듣는" 이 관행은 지난 1700년 동안만 우리에게 영향을 미친 것이 아닙니다. 지금도 여전히 강력한 위세를 떨치고 있습니다. 어쩌면 주님 오시는 그날까지 이 땅에 존재할 것입니다. 저는 이 방식들을 변화시키기 위한 어떤 노력도 기울이지 않을 것입니다. 지나간 기독교 역사의 한 부분으로, 그리고 장차 기독교 역사의 한 부분을 차지할 요소로 여기면 그만입니다. 이 상황을 바꾸려고 시도하기보다는 오히려 새롭게 시작할 너무 많은 일들이 존재합니다. 물론 거의 불가능한 영역의 일들이어서 쉽게 소진할 것입니다. 그럼에도 그것은 현재의 상황을 개선하기 위한 사소한 시도가 아닙니다. 암울한 현장에서 다시 한 번 새로운 시작을 준비하는 작업입니다.

형제 여러분, 여러분은 이 돌같이 굳어진 상황에서 걸어 나올 필요가 있습니다. 여러분은 하나님나라의 남성이고 여러분에겐 되찾아올 유산이 있습니다. 그것은 형제 여러분에게 절박한 일입니다. 급진적인 변화가 필요한가요? 그렇습니다. 두려움이 따르는 일인가요? 그렇습니다. 위험한가요? 그렇습니다! 하지만 아무리 위험하더라도 1세기 형제들만큼은 아닐 것입니다. 오늘 이후, 그리스도인으로서 여러분에게 주어진 역할은 무엇일까요? 앉아서 듣는 것? 아니면…

그리스도인으로서 마땅한 믿음생활이 어떤 모습이어야할지에 대해서조차 우리는 아는바가 전혀 없습니다. 형제 여러분, 우리는 우리의 남성호르몬을 빼앗긴 것입니다. 이제 잠시 형제 여러분 안에 존재하는 모든 기존개념들을 치워버린 후 그리스도인의 믿음이 어떤 모습이어야 할지를 함께 들여다보십시다.

이제 기록된 말씀을 보십시오. 1세기 무대의 중심에 누가 서 있는지?

2. 당신이 즐겨 사용하는 용어들이 당신이 누구인지 말한다.

오순절에서 사도행전이 끝나는 시점까지에 이르는 말씀과 서신서 전체를 읽다보면 1세기 무대에 등장하는 두 세 부류의 중심인물이 눈에 들어올 것입니다. 그 중 한 주인공이 바로 **형제 여러분**입니다.

제일 먼저 눈에 띄는 인물은 **교회개척자**들입니다. 그들은 거의 모든 페이지에서 거론됩니다. 그들이 등장하지 않는 곳은 찾아보기 어려울 정도입니다. 1세기 드라마에 소개되는 이 교회개척자들의 숫자는 대략 20여명 정도입니다. 이 사람들이 **교회를 세웠습니다.** 사도들은 하나님께서 교회를 심으라고 "보낸" 교회개척자들이었습니다. 그것이 바로 "보냄 받은 자들"이 **해야 할 일**이었습니다. 주님께서는 전도하라고 그들을 "보낸" 것이 아니라 **교회를 일으켜 세우라고** 그들을 "보냈습니다." 이 사실을 마음에 새기시기 바랍니다. 오직 그 일만이 **보냄 받은 자들**에게 주어진 우선적인 직무였습니다. (교회라는 말을 들었을 때 여러분의 머릿속에 스쳐지나가는 어떤 이미지를 지우시기 바랍니다. 그들은 교회 빌딩을 건축한 것이 **아니었습**

니다.)

교회개척자들 다음으로 등장하는 중심인물은 누구일까요?

사도행전 전체에 등장하는 1세기 무대의 두 번째 주인공!

그것은 바로 에클레시아입니다. 그녀[9]는 거칠었지만 자유로웠고 아름다웠으며 영광스러웠습니다!

여기서 잠깐 주제에서 벗어나는 것을 용서하십시오. 어쩌면 우리가 거론하는 이 핵심을 오늘날의 목사들이 엉뚱하게 받아들일지 모릅니다. 그들은 이렇게 생각할지도 모릅니다. "맞아요. 그것이 시급한 일이었군요. 이제 교회를 개척해야겠습니다. 우리 다 같이 고대의 방식으로 돌아갑시다. 저는 이제 교회개척자가 되어 교회를 일으켜 세우겠습니다. 드디어 멋지고 색다른 일을 경험하게 되는군요. 이것이야말로 훌륭한 발견입니다."

교회개척자라는 말을 들었을 때 목사들의 눈이 밝아지고 그들의 내면에서 기어 변속이 일어날지도 모릅니다. 1세기에 존재했던 방식

---

9) 교회가 하나님의 생명인 동시에 주님의 신부임이 분명하다면 교회는 당연 그것(it)이 아닌 그녀(she)로 표현됨이 적절할 것이다. 생명을, 혹은 한 인격을 '그것' 이라고 표현하진 않기 때문이다. 역주.

을 다시 볼 수 있다는 희망에 들떠, "그래, 우리는 색다른 무언가를 경험하게 될 거야."라고 소리칠지도 모릅니다.

평신도 형제 여러분과 목사직을 수행하는 동역자 여러분 모두에게 제가 여기서 당부드릴 말씀이 있습니다. 이 대목에서 멈추지 마십시오. 교회개척자와 에클레시아라는 말을 들었을 때 여러분의 머릿속에 스쳐 지나가는 모든 것들을 잠시만 내려놓으십시오. 여러분의 마음속에 떠오르는 그것들로는 어떤 변화도 시작되지 않습니다. 목사, 목회, 평신도와 에클레시아라는 말을 들었을 때 여러분 안에 연상되는 모든 현대적인 개념들을 지우려고 애쓰십시오.

왜 그래야만 합니까? 교회를 일으켜 세우던 1세기 교회개척자들은 교회를 세운 후에 그 교회를 **떠났기 때문**입니다! 즉시로, 가능한 빨리, 그 자리를 벗어났습니다! (여러분도 그렇게 하실 수 있겠습니까?)

여러분 중에 형제교회에 소속된 분이나 가정교회 운동에 몸담고 계신 분들이 있을 것입니다. 지금쯤 그분들에겐 아주 익숙한 용어 하나가 떠오를 것입니다. 여러분이 무의식중에 사용하지만 사실은 여러분의 신앙생활을 드러내주는 그 핵심적인 단어! 우리 시대엔 교회를 세운다음 그 교회를 떠나는 교회개척자가 거의 존재하지 않습니다. 혹 존재하더라도 그들은 누군가를 교회에 남겨놓고 떠날 것입니다. 누구를 남겨놓을까요? 바로 지금 여러분의 머릿속에 스쳐지나가는 그 이름이 맞습니다. 꺼내기 두려운 단어! 단어 자체가 두렵다기보다는 그 단어가 사용되는 환경이나 그 단어가 한 인격에 적용될 때, 그리고 그 인격이 여러분을 다루는 그 방식을 생각할 때 두려움이 엄습하는… 그 단어는 **장로**입니다.

이제 잠시만! 여러분의 마음속에 자리 잡은 "목사", "목회", "평신도", "장로", 그리고 "에클레시아"와 관련된 모든 개념들을 내려놓으시기 바랍니다.

목사나 장로들의 사역은 매 한가지입니다. 특별히 제도권교회 밖에서 모이는 그룹들의 경우엔 더욱 그러합니다. 교회 안에서 "그들에게 쏠린 시선"을 기준으로 판단할 때 장로와 목사들은 조금도 다르지 않습니다. (교회 안에서 모든 이들의 시선은 예수 그리스도와 에클레시아 **자체**인 형제자매들을 향하는 것이 마땅합니다.)

"우리는 가정교회로 돌아가 열심히 복음을 전하며 성경을 공부할 것입니다. 우리는 기도와 찬양에 힘쓸 것이며 곧 장로를 세워낼 것입니다. 오래전 1세기처럼…."

여러분이 혹 이런 소리를 듣게 되면 얼른 그 자리에서 일어나 달아나십시오!

형제 여러분이 하려고 작정한 일이 그런 것이라면 뒤돌아서 로마 가톨릭교회로 복귀하는 것이 낫습니다. 아니 차라리 바티칸 경내로 들어가는 것이 더 나을 것 같습니다. 왜 그렇습니까? 여러분이 전통 교회를 떠나기 전에 머물렀던 그 자리로 복귀하는 것이기 때문입니다. 지난 1700여 년 동안 그릇된 **관행**이 세력을 떨치던 바로 그 자리로 돌아간 것이기 때문입니다.

장로직이 반드시 존재해야 되는 것처럼 말하는 사람들에게 귀를 기울이는 순간, 여러분은 신약성경의 모든 페이지에 "장로"라는 단어가 나오는 것처럼 여기게 될 것입니다.

아니면 전통적인 교회 안에 널리 퍼진 어떤 질병을 앓게 될지도 모릅니다. 그 질병을 앓는 사람들은 신약성경의 모든 페이지에서 어떻게든 "목사"의 흔적을 찾아냅니다. ('목사'라는 단어는 신약성경에 단 한번 등장할 뿐이지만 그들은 그 사실에 개의치 않습니다. 단 한번 등장하는 그 기록마저도 신약성경 전체 맥락(이야기)에선 도무지 설 자리가 없습니다. 예를 들어, 1세기 교회의 생생한 현장을 증언하는 사도행전 안에서 '목사'라는 인물을 찾아보십시오. 장로직은 어떻습니까? 신약성경 전체에서 몇 번이나 그 단어가 등장하는지 찾아보십시오. 그리스도인 장로들 말입니다.[10] (이제 잠시 뒤, 여러분은 그 정확한 사실을 알게 될 것입니다.)

우리는 다시 용어 문제로 돌아왔습니다. 장로… 장로… 장로. 집사… 집사… 집사. 봉사… 봉사… 봉사. 전도… 전도… 전도. 기도… 기도… 기도. 목회… 목회… 목회. 목사… 목사… 목사… 목사! 여러분은 신약성경말씀의 서너 구절마다 이 단어들이 등장할 거라고 생각할 것입니다.

여러분 주변의 그리스도인들이 대화중에 빈번히 사용하는 용어들을 잘 들어보시기 바랍니다. 위에서 말한 장로, 집사, 봉사, 전도, 기도, 목회, 목사… 이런 용어들이 압도적으로 많이 흘러나올 것입니다. 적어도 오늘날엔 분명히 그렇습니다. 그렇다면 1세기엔… ?

저는 지구상의 모든 나라에서 보내온 수많은 편지들을 받습니다. 대부분은 도움과 기도를 요청하는 간곡한 내용을 담고 있습니다. 그 중 상당수가 "우리에게 목사를 보내주십시오," "우리의 목회자들을 위해 기도해주십시오," "이 목사님," "저 목사님"을 위한 부탁들입니다. 신학교 도서관을 방문해 보십시오. 어떤 신학교든 성경학교든 좋습니다. 그 도서관의 가장 큰 구역엔 **목회사역**과 관련된 책들이 비치되어 있을 것입니다. 목사라는 이 용어는 어디를 가든 우리 눈에

---

10) 유대교 장로들이나 산헤드린 장로들이 아닌! 역주.

뜁니다. 정글에 가도 있고 남극에 가도 존재합니다. 이 용어가 사용되지 않는 곳이 없습니다. 자연히 여러분은 이 목사라는 용어와 개념이 성경에서도 지배적인 위치를 차지할거라고 생각할 것입니다. 한 번 말씀해보십시오. 정말 그렇습니까? 다시 한 번 확인하신 후 여러분 스스로에게 물어보시기 바랍니다. 과연 1세기에 기록된 그 문서들, 신약성경속의 중심인물은 누구이며 거기에서 반복되어 등장하는 핵심용어는 무엇입니까? 그것은 (1) 교회개척자들, (2) 에클레시아입니다.

하지만 이 **교회개척자**(보냄 받은 자)와 **에클레시아**는 오늘 **우리들이 사용하는 용어**가운데선 결코 쉽게 들을 수 있는 용어들이 아닙니다.

우리가 사용하는 용어들 안에선 "성경공부"나 "전도"와 같은 말들이 당연 지배적입니다. 그래서 우리는 이런 말들이 3음절 중 한번 꼴로 신약성경에 등장할 것으로 생각합니다. 그렇지 않습니까? (그러나 아쉽게도 그 정반대입니다. 그러함에도 우리들의 입술에서 지배적으로 흘러나오는 용어들이 그렇기 때문에 우리는 무의식적으로 신약성경 역시 그럴 것이라 생각하는 것입니다.) 하지만 이것은 오늘 우리들의 용어일 뿐입니다. 그리고 이 용어들은 오늘 우리들의 사고 구조와 신앙생활 방식, 그리고 우리가 선택한 믿음의 개념들이 무엇인지를 그대로 드러내고 있습니다.

1세기 신자들! 그들의 입술에서도 지배적으로 흘러나오던 한 단어가 있었습니다. 하지만 잊지 마십시오. 그 말은 누군가에 의해 그들에게 주입된 용어가 아니었습니다. 누군가의 설교를 반복해서 듣다보니 그 설교에서 자주 사용되는 용어를 그들 역시 따라하게 된 것이 **아니었다**는 말씀입니다. 1세기 신자들의 입술에서 지배적으로 흘러나왔던 그 용어는 1세기 교회의 전반적인 분위기와 환경을 드러내주는 말입니다. 그들 자신은 무의식적으로 이 용어를 사용했을지라도 사실은 그들의 모든 삶을 설명해주는 말이었습니다. 이것은 또한 여러분이 오늘날 알지 못하는 어떤 한 가지를 계시해주는 용어이기도 합니다.

이 용어에 귀를 기울여보십시오. 에클레시아의 실제 삶에서 흘러나왔던 말, 에클레시아의 의사결정이 실제로 어떻게 이뤄졌는지를 드러내주는 용어, 에클레시아 안에서 실제로 작동하던 그 기능을 계시해주는 용어. 이 용어는 목수의 입술에서 일상적으로 흘러나오는 톱, 줄자, 널빤지와 같은 그런 말이었습니다. 일반적으로 보통 사람들은 잘 사용하지 않는 말! 한 번 더 말씀드리자면 이 용어들은 결코 특별한 용어가 아닙니다. 다만 그 사람의 생활방식과 환경에 의해 생겨난 의사소통 수단의 일부일 뿐입니다. 한 번 더 상기하십시오. 1세기 신자들의 입술에서 흘러나왔던 그 단어들은 성경공부, 복음증거, 전도, 성경학교 입학, 주님의 지상대명령 … 그런 말들이 아니었습니다. 이런 말들은 오늘 **우리**의 신앙 환경을 둘러싼 용어들일 뿐, 초기 그리스도인들의 삶에서 "흘러나왔던" 그런 말들이 아니었습니다.

사도행전과 서신서 속으로 돌아가 그들의 삶에서 일상적으로 그리고 무심코 흘러나왔던 그 말이 무엇인지를 찾아보십시오. 그것을 발견하는 순간, 하늘과 지구가 모두 흔들려 여러분이 소유한 믿음의 토대를 사정없이 흔들지도 모릅니다. 기대하기는 그 충격으로 인해 남성이란 종족으로 태어난 형제 여러분의 남성 호르몬이 조금이나마 다시 회복하게 되기를 바랍니다.

우리는 이제 사도행전과 서신서에 등장하는 세 번째 주인공에 조금씩 다가서고 있습니다. 이 인물은 그곳에서 거듭 거듭 언급되는 존재입니다. 첫 번째 주인공은 교회개척자, 두 번째는 에클레시아. 그렇다면 세 번째는? 우리가 신약성경에서 가장 많이 간과해왔던 그 주인공을 이제 만나게 될 것입니다. 다 같이 사도행전 안으로 들어가 보겠습니다.

3. 처음교회의 실제 주인공

그 주인공을 찾거든 그를 부여잡고 통곡하십시오! 아니면 혁명을 위해 일어나십시오! 그토록 자주 1세기 대하드라마에 언급되는 그 주인공, 당신이 이제 막 만나게 될 1세기 드라마의 주역. 교회개척자, 에클레시아, 그리고 … 1세기 교회의 어느 곳, 어느 대목에서나 등장하는 나머지 한 주인공!

1

베드로가 **형제들** 가운데 서서 말하기를, "**형제들**이여, 성경의 말씀이 성취되었습니다."

2

형제들이여, 여러분 가운데 일곱을 선택해 주십시오.

3

형제들이 이 사실을 알게 되었을 때, 그들은 바울을 가이사랴로 데려갔다가 다소로 보냈습니다.

4

다음날, 베드로는 일어나 길을 나섰습니다. 욥바교회의 **형제들** 중 몇몇이 그와 동행했습니다.

무심코 그들의 입술에서 흘러나오는 이 단순하고도 실제적인 표현! 이보다 1세기 에클레시아의 교회생활을 말해주는 더 나은 어떤 표현을 여러분은 결코 발견하지 못할 것입니다. 이것은 1세기 교회의 실제모습 그대로입니다. 이것이 바로 **여러분이 잃어버린 유산입니다!**)

5

그리고 안디옥의 **형제들**은 유대 형제들에게 구제금을 보냈습니다.

6

이 일들을 야고보와 **형제들**에게 보고하였습니다.

7

그러므로, 에클레시아에 의해 파송 받은 그들은 베니게와 사마리아로 다니며 이방인들이 주께 돌아온 일을 말하였고 그것은 모든 **형제들**을 크게 기쁘게 했습니다.

이뿐만이 아닙니다. 이 용어들이 얼마나 더 계속되는지는 이제 곧 알게 될 것입니다. 하지만 여기서 잠깐 멈춰 서서 우리가 생각해볼 것이 있습니다.

여러분은 **이런** 용어를 의사소통의 주된 표현으로 사용하는 그런 교회에 속해있습니까? **형제들**이란 용어가 여러분의 교회생활을 나타내는 주된 표현입니까? 형제들이 교회의 주인공인 에클레시아를 매일 경험합니까? 교회 안에서 활약하는 형제들을 매일 목격합니까? 그것이 여러분의 일상적인 신앙생활이기에 여러분 자신도 모르게, 자동적으로, 그리고 자발적으로, "형제들"이란 용어를 사용하게 됩니까?

이제 곧 1세기 에클레시아 안에서 형제들이 차지했던 위치와 역할에 대해 설명 드리겠습니다. 하지만 정작 제가 의도하는 바는 (1) 지난 1700여 년 동안 왜곡되어온 그 교회역사의 중심부로 들어가 (2) 우리에게 진정 절박한 것이 무엇인지를 드러내는 것입니다.

1세기 교회는 현재 우리들의 믿음생활과는 대조적인 모습으로, 그리고 오늘날의 인위적인 교회와는 확연히 다른 유기적인 모습으로 존재하고 있습니다.

이제 여러분은 다음과 같은 두 대상의 차이를 보게 될 것입니다.

세련된 문화 : 새 생명을 지닌 부족(종족)

인위적인 조직 : 자신의 유전자를 찾아나가는 생명체

판에 박힌 방식 : 자신만의 독특한 표현방식(창조성)

여기서 **부족**(tribe)이라는 말에 담긴 의미를 공유할 필요가 있습니다. 그 단어는 우리가 이해해보려 애쓰지만 쉽게 손에 잡히지 않는 어떤 개념을 공유하도록 우리를 도울 것입니다.

부족이란 단어를 이해하기 위해 잠시 태국을 방문하겠습니다.

베트남이 공산화될 무렵, 저는 태국에 있었습니다. 캄보디아, 라오스, 베트남으로부터 수많은 난민들이 태국으로 몰려들던 때입니다. 나는 난민캠프를 오가며 **정글부족**이었던 한 그리스도인 무리를 찾고 있었습니다. 그들은 라오스의 정글에서 살다가 태국으로 탈출한 부족이었습니다. 잠시 그 이야기를 나누겠습니다.

약 50-60년 전, 한 그리스도인 선교사가 라오스의 정글로 들어가 몽이 부족(tribe of Mongh) 중 한 부족을 통째로 주님께 인도했습니다. 그런데 그 부족의 행방이 묘연해진 것입니다. 다른 몽이족들처럼 정글에서 살던 이들은 그리스도인이 된 이후 거의 전설에 가까운 부족이 되었습니다.

여기서 형제 여러분이 기억하실 것이 있습니다. 그들은 그리스도인인 **동시**에 한 부족이었습니다.

마침내 저는 거의 4천명이 넘는 그 부족과 만나게 되었습니다. 그들은 태국으로 넘어오기 위해 수 주 동안이나 일렬종대로 정글을 **빠**져나왔습니다. 때때로 **빽빽**하게 우거진 정글을 지날 때면 하루 종일 걸어도 몇 발자국밖에 이동하지 못할 경우도 있었습니다.

나는 난민캠프 안에서 그 부족과 둘러앉았습니다. 그들에게 중요한 질문이 떨어졌습니다. "에드워드 형제가 여러분 중에 파오 정 (Pao Xiong)형제를 미국으로 데려가고 싶어 합니다. 그래도 되겠습니까? 그렇게 허락하신다면 남은 부족들이 죽음에서 벗어날 방도를 찾아보겠습니다."

(당시, 태국 공산당, 베트남 공산당, 라오스 공산당은 이 **특별한** 부족을 없애려고 혈안이 되어 있었습니다.)

그들은 함께 의논했습니다. 한 부족인 동시에 그리스도인인 그 남자들, 아니 그 **형제들**은 오래 동안 둘러앉아 긴 대화를 나누었습니다. (그 모습은 흡사 아메리카 인디언들의 파우와우[11]와도 같았습니다.) 그들은 그 문제를 두고 오랜 토의를 거쳤습니다. 마침내 형제들 중 한 사람이 내게 와서 이렇게 전했습니다. "우린 결정했습니다. 만약 당신이 파오 정(Pao Xiong)을 데려가겠다면 그렇게 하십시오. 당신과 파오가 우리 남은 부족들을 위기에서 건질 수 있다면 이건 해볼 만한 좋은 시도인 것 같습니다!"

하나님께서 사람을 창조하실 때 그분은 한 문명을 창조하지 않았습니다. 그분은 한 종족을 지으셨습니다. 우리가 문명이라 부르는 어떤 것의 일부가 될 때 그것은 사람을 창조하신 하나님의 목적에 부합되지 않습니다. 문명이란 타락 이후에 사람이 맞이한 매우 인위적인 조직형태입니다. 형제 여러분은 직장에 나갈 때마다 이 **문명**을 형성한 거미줄 같은 조직의 내부기능에 참여하게 됩니다. 지금 여기계신 여러분 중 몇 분은 정책상 야기된 실업문제로 고민하실 것입니다. 여러분 대부분은 일터에서 심각한 상처를 경험하며 살아오고 있습니다. 유감스럽지만, 이것이 바로 **문명**이 기능하는 자기 존재방식입니다. 그 폐해는 거기서 남의집살이를 해야 하는 형제 여러분의 몫으로 주어졌습니다.

여러분이 새로 얻은 그리스도인의 유전자, 그 생물학적인 본성은 문명이 아닙니다. 그리고 거기에 부합될 수도 없습니다. 교회가 마

---

11) pow-wow, 북미 인디언들이 질병치유와 사냥성공을 위해 치르는 집단 종교의식

땅히 지녀야 할 그녀 자신의 모습을 알게 된다면 그녀는 결코 조직으로 존재하지 않을 것입니다. 그녀가 자신의 정체성을 실제로 알고 경험하게 된다면 문명을 흉내 낸 어떤 모습도 그 안에 존재할 수 없습니다.

그녀는 아리따운 소녀입니다! 아름답고 생기발랄한, 그리고 살아 숨 쉬는 소녀!

여러분이 매일 주변에서 목격하는 교회는 그녀의 모습을 상실하고 조직이 되어버린 교회의 모습입니다. 여러분이 목격하는 것은 에클레시아 **본연의 모습**이 결코 아닙니다.

그렇다면 에클레시아 본연의 모습을 무슨 말로 설명하면 좋을까요? 교회생활이란 도대체 **무엇**을 의미하는 것일까요?

지구상에서, 교회, 혹은 교회생활과 가장 근접한 모형을 찾아낸다면 우리가 그것을 이해하는데 도움이 될 것입니다. 그리고 그 모형이 바로 **종족**(부족)개념입니다. 물론 에클레시아가 종족 그 자체는 아니지만 그럼에도 종족개념은 에클레시아가 무엇인지 언뜻 그 환영(幻影)을 훔쳐보는데 우리에게 적지 않은 도움이 될 것입니다.

우리가 인류학자에게 종족에 대해 질문한다면 그는 이렇게 대답할 것입니다. "문명이 존재합니다. 그 문명은 예측가능하고 일정한 유형을 가지고 있으며 특별한 방식으로 작동합니다. 그 문명에 대한 반대개념, 그리고 그 문명과 조금도 닮지 않은 개념이 종족개념입니다. 종족은 문명과 유사하지도 않고 문명과 비슷한 방식으로 작동하지도 않습니다."[12]

형제 여러분, 여러분이 듣기에 가장 서글픈 말씀을 여기서 드릴 수밖에 없습니다. 여러분은 지금까지 한 종족에 들어갈 특권이 있다는 사실조차 모른 채 살아왔습니다! 그것은 바로 그리스도인이라는 종족입니다. 조금 더 나은 표현으로 설명 드린다면, 여러분은 지금까지 "집단생활" 즉 종족 생활의 에클레시아 버전인 "한 몸을 이뤄 사는 삶"이 무엇인지를 모른 채 살아왔습니다. 여러분이 당연히 만나야 할 종족을 만난 적도 없고 그 안에 속해본적도 없습니다. 이것이 가장 큰 비극입니다! 인위적인 조직을 말하는 것이 아닙니다. 교회의 어떤 위원회에 들어가는 것도 아닙니다. 문명을 의미하지도 않습니다. 그것은 다만 그리스도인 종족의 모임을 말합니다. 지구상에 그 종족과 닮은 것은 존재하지 않습니다. 그것은 아메리카 인디언들의 파우와우(pow-wow)에 대한 그리스도인버전이라 말할 수 있습니다.

---

12) "한 번도 사람 눈에 띄지 않은 '부족'이 아프리카에서 발견되었다."라는 뉴스를 접했을 때 그 '부족'이 갖는 의미를 생각해보라. 그것은 문명과 전혀 다른 방식으로 살아가는 특정집단을 가리킨다. 역주.

형제 여러분은 부족형태의 삶과 크게 다르지 않은 어떤 삶을 살도록 부름 받았습니다. 그럼에도 불구하고 여러분은 결코 그런 삶의 환경에 놓인 적이 없습니다. 그 결과 여러분은 그리스도인의 믿음생활이 무엇인지 알지 못합니다. 즉 교회가 어떻게 기능하는지를 전혀 모르고 있습니다. 여러분은 그리스도를 믿고 있습니다. 그래서 여러분 안에는 **그리스도인 부족**의 본능이 있습니다. 모든 믿는 이들이 사실은 그것을 갈망하고 있습니다. 그렇지만 그들이 얻은 것은 빵이 아니라 돌이었습니다! 여러분 안에도 그 본능과 욕구가 있습니다. 여러분은 그동안 교훈, 교리, 운동, 조직, 비전을 쫓아왔습니다. 괴물이 되어버린 지도자들을 추종해왔습니다. 여러분 스스로 그것을 알고 있습니다. 여러분 스스로 그것을 택한 것입니다. 그리고 그 결과가 재앙으로 끝나고 말았음을 여러분은 잘 알고 있습니다. 그렇습니다. 여러분의 내면 깊은 곳에서는 그럼에도 여전히 그리스도인 **부족**을 갈망하고 있습니다! 그리스도인… 그리고 부족! 그것은 이 땅 위에서 우리가 선택할 수 있는 가장 위대한 삶의 형태입니다.

　　성경을 다시 펼쳐보십시오. 1세기신앙의 무대로 돌아가면 거기엔 오직 세 부류의 주인공들이 있습니다. 교회개척자, 에클레시아, 그리고 **세 번째**는? 바로 **형제** 여러분! 그리고 **자매**들! 그뿐입니다. 그것이 전부입니다. 그것이 서신서와 사도행전 전체에 걸쳐 등장하는 1세기 교회의 핵심인물들입니다. 그 밖에 다른 인물은? 여러분은 자꾸만 다른 인물을 찾아 헤매지만 그것은 있지도 않은 다람쥐를 잡기 위해

나무를 올려다보는 꼴입니다. 여러분은 실존한 사실조차 없는 조직들과 사람들, 그리고 가르침들을 핵심위치에 두고 있습니다.

"그렇군요. 하지만 장로들은 다르지 않습니까?
 장로들은 그 당시 핵심위치에 있었습니다."

그렇지 않습니다. 핵심위치에 있지 않았습니다. **장로들**은 당시 그 무대의 주인공들이 누구인지를 가리키는 화살표 정도로 존재합니다. 그들은 무대 뒤편 배경그림으로 세팅된 숲과 나무와 같은 존재들입니다.

사도행전이 **그리스도인 장로들**[13]을 언급하는 경우는 다섯 번, 그 외 신약성경 전체에서 여덟 번, 모두 합해 열 세 번뿐입니다.

형제와 자매들을 언급한 횟수는? 여러분이 직접 헤아려보십시오.

바울서신에만 80번 이상입니다. (오늘 우리들의 입술에서 주로 오르내리는 그 이름들과 얼마나 다른지를 확인하십시오.) 사도행전은 그리스도인 남자들을 가리켜 30번 이상이나 **형제들**을 언급하고 있습니다. 장로들을 언급하는 경우는 신약성경을 통틀어 13번! 그 13번의 언급 중에서도 장로들의 **활동**을 언급하는 경우는 절반이 채 안

---

13) 유대교장로들이나 산헤드린 장로들이 아닌! 역주.

됩니다. 그러나 형제와 자매들을 언급하는 경우는 1백번이 넘고 그 대부분이 에클레시아 형제자매들의 활동을 묘사하고 있습니다. 대략 6:50의 빈도수!

1세기 교회의 중심무대엔 오직 **세 부류의 주인공**이 있었을 뿐입니다. 오늘 우리들의 입술에 단골로 오르내리는 장로, 목사는 결코 그 세 주인공 중 한 인물이 아니었습니다.

"예수 그리스도의 교회가 어떤 모습이어야 할까"를 가늠할 때 우리가 떠올릴 수 있는 가장 근접한 모형이 종족집단입니다. 하지만 그것은 우리의 이해를 돕기 위한 모형일 뿐, 그녀(교회)는 종족집단, 그 훨씬 이상입니다. 모든 영역에서 교회를 이끌어나갔던 실제적인 주역은 신령한 생명을 소유한 형제였습니다! 드라마는 여기서 멈추지 않습니다!

4. 형제들

대단히 두려운 인물! 이 장로들에 대해 우리가 좀 더 깊이 들여다 볼 필요가 있습니다. (소개되는 성경본문의 번호는 앞장에 이어집니다.)

8

사도와 장로들, 그리고 **교회전체**가 그 들 중 몇 사람
을 택하여 바울, 바나바와 함께 안디옥교회로 내려
보내는 것이 좋다고 여겼습니다. 그래서 그들과 같
이 내려가게 된 사람은 유다와 실라였습니다.

유다와 실라, 이 두 사람을 예루살렘에서 안디옥교회에 내려 보내기로 결정한 이들이 누구인지 주목하십시오. 사도들과 장로들, 그리고 에클레시아 전체입니다.

(모든 의사결정을 **장로회의**(elders meeting)에서 주관하는 플리머스 형제단(Plymouth Brethren)의 해괴망측한 비밀회의는 이쯤에서 중단되어야 합니다.)

지금 안디옥교회는 장로라는 존재가 낯설 수밖에 없습니다. 그렇다면 예루살렘교회 안에는 왜 장로직이 존재하고 있을까요? 예루살렘교회+장로들은 어째서 안디옥교회+장로들 앞으로 편지를 보내지 않고 "안디옥 형제들" 앞으로 편지를 보냈을까요? (그 편지는 "교회와 장로들"의 이름으로 "교회와 형제들"에게 발송된 서신이었습니다.)

이유가 있습니다. 예루살렘교회는 세워진지 17년 된 교회입니다. 장로직에 오르는 것을 기뻐하기 전에 여러분은 이 점을 간과하지 말아야 합니다. 그 장로들은 **형제들** 안에서 선정되었습니다! 1세기 에클레시아의 분위기를 아는 사람이라면 장로가 세워지기 이전에 이미 형제관계가 깊은 뿌리를 내리고 있었다는 것이 무엇을 의미하는지 잘 알고계실 것입니다.

형제애에 깊은 뿌리를 둔 **형제집단**··· 그 안에서 세워지는 장로들이 어떤 장로들일지 상상해보십시오. 형제관계가 먼저, 그 **다음**이 장로직이었습니다! 즉 모든 장로들은 장로가 되기 **이전**, 이미 깊은 수준의 형제애를 경험하며 형제 중 한 일원으로 오랜 세월을 함께 보냈음을 의미합니다.[14]

---

14) 우리에겐 이 개념이 매우 피상적으로 다가올 것이다. 이 상황을 이렇게 생각해보라. 어느 날 갑자기 장교로 부임한 군대상관을 맞이하는 부하들과 온 가족의 헌신으로 사법고시에 패스한 가장을 맞이하는 가족!! 전자가 우리가 목격하는 현대의 장로들이라면 후자가 이 책의 저자가 말하는 1세기 교회의 장로들일 것이다. 역주.

이제 **형제들**이 교회 안에서 도대체 어떤 존재들인지에 대해 집중해보겠습니다.

우리는 지금 갈라디아교회들[15]을 방문하고 있습니다. 교회안의 모든 형제가 오랜만에 방문한 바울을 둘러싸고 그동안 교회 안에서 두드러진 활약을 펼쳤던 한 형제를 칭찬하고 있습니다.

9

디모데는 루스드라교회와 더베교회의 **형제에게** 칭찬 받고 있었습니다.

여러분 중에 플리머스형제단이나 가정교회운동에 소속된 분들이 있다면, 혹은 권위와 순종을 강조하는 선교단체에 속한 분들이 있다면 이 본문은 이렇게 달라질지도 모릅니다.

"디모데는 장로회의 승인을 받아 장로들에 의해 파송 받았습니다."

형제 여러분, 그러한 개념은 성경에 존재하지 않습니다. 디모데는 **형제들의** 인정을 받았습니다.

---

15) 바울이 1차 교회개척 여정 중에 세운 교회들, 즉 비시디아안디옥교회, 루스드라교회, 이고니온교회, 더베교회. 역주.

10

그들(폭도들)은 다소의 바울(교회개척자)을 찾아내
지 못했습니다. 그러자 야손과 **형제들** 중 몇 명을 관
료들 앞으로 끌어냈습니다.

지금 이 본문을 기록하여 우리 앞에 증언하는 사람은 의사 누가입
니다. 누가 본인은 "형제들 중 몇 명"이라는 말을 자신이 썼다는 사
실조차 의식하지 못할 것입니다. 왜 그럴까요? 본인 스스로가 **형제
들**이 중심이 된 교회분위기 속에 평생을 몸담아왔기 때문입니다. 형
제들… 오직 형제들뿐이었습니다. 누가가 증언할 다른 어떤 주인공
은 1세기 교회 안에 존재하지 않았습니다.

로마 가톨릭교회도 본문에서 언급한 이 '형제들'을 한때(A.D.
400-600) 발견한 적이 있습니다. 그러나 그들은 이 '형제들'을 다른
어떤 인물로 얼른 둔갑시켜버렸습니다. 그들에게 있어 이 본문이 언
급하는 "형제들"이란 당시 예복을 차려입고 맨발로 돌아다니던 사
람들을 의미했습니다. 물론 이 사람들이 후에 수도사들로 진화합
니다.

가톨릭은 **자매들**이란 용어 역시 성경에서 찾아냈습니다. 그렇지
만 이 단어 역시 다른 어떤 존재로 둔갑시켰습니다. 그들에게 있어
자매들이란 '수녀들'을 의미했습니다. 성직을 부여받지 못한 사람

들, 즉 무지한 대중들이 교회를 이끈다는 사실을 가톨릭은 받아들일 수 없었던 것입니다. 그들에게 있어 형제들은 성복을 입은 사람들이고 자매들은 수녀들을 의미했습니다. 형제 여러분, 제가 드리는 말씀에 주의를 기울이십시오! 지난 1700여 년 동안 목회라고 부르는 영역 안에 여러분의 자리는 존재하지 않았습니다. 목회사역은 오직 목사들이 하는 어떤 것이었습니다. 평신도라 불리는 형제 여러분은 그 목회를 완성하는 도구였습니다. 여러분은 그 목표를 이루는 수단이었습니다. 그것은 지금까지도 그래왔고 앞으로도 그럴 것입니다.

가톨릭은 성경에서 찾아낸 이 "형제들"이란 용어로 괴물을 만들어냈습니다. 그렇다면 우리 개신교도들은 어떻습니까? 개신교 신자인 우리들은 "형제들"이란 단어가 내포한 본래의 분위기나 느낌조차 아예 이해하지 못합니다. 그 말이 무엇을 의미하는지 와 닿지도 않을뿐더러 마음속에 그려지지도 않습니다. 결국 개신교도들의 역할은 목사의 목회를 하염없이 바라보며 장의자에 앉아있는 것으로 고정되었습니다.

11

그리고 **형제들**은 그 밤에 바울과 실라를 즉시 베뢰아로 보냈습니다.

그다지 눈에 들어오는 구절이 아닙니다. 그렇지 않습니까? 문맥에 숨겨진 놀라운 사실을 모른다면 확실히 그렇습니다.

이 본문이 언급하는 형제들이란 데살로니가교회의 믿는 남자들을 가리킵니다. 그들은 세워진지 불과 **세 달된 교회**의 신자들입니다!

교회는 지금 존폐를 다루는 핍박가운데 놓였습니다. **형제들**이 그 밤에 바울을 교회로부터 **빼내는** 이유도 그 때문입니다. 교회개척자가 큰 어려움 가운데 놓이자 이제 세달 밖에 안 된 교회가, 주님 안에 거한지 이제 세 달 된 사람들이, 불과 얼마 전까지만 해도 이방인이었던 **신자들**이 교회개척자를 교회로부터 도피시키기로 결정하는 것입니다. 세 달이란 그 **짧은** 시간에 **형제**가 된다는 것이 무엇인지를 그들은 배웠던 것입니다. 기억하십시오. 세달 밖에 안 된 그리스도인들이 형제관계에 굳건히 뿌리를 내리고 교회의 운명을 결정해나가고 있습니다.

바울을 둘러싸고 그를 도시 밖으로 이끌어낸 것은 **형제들**이었습니다. 목사가 한 일이 아닙니다. 장로들이 한 일도 아닙니다. 형제들이 한 일입니다. 교회 안엔 장로들이 없었습니다. 집사도 없었습니다. 위기가운데 놓인 **형제들**이 일치단결하여 결정을 내리고 그 결정을 **행동**으로 옮겼습니다. 그들은 마치 한 사람이 행동하는 것처럼 움직였습니다.

이 경이로운 일이 가능했던 에클레시아! 불과 세달 된 그 교회는 그동안 무엇을 경험했던 것일까요? 이것이 바로 신령한 생명을 품은 남자들, 바로 그들이 해내는 일들 중 하나입니다. 한 몸이 된 사람들이 그들 안에 존재하는 새로운 본성을 발견했을 때 거기서 흘러나오는 유기적인 기능이 바로 이런 일들을 낳는 것입니다. 내주하는 그리스도를 품은 사람들, 그리고 에클레시아의 생명 가운데 거하는 남자들! 그들 안에서 작동하는 그 기능이 바로 에클레시아의 유기성인 것입니다.

그리스도 안에 거하는 이 남자들은 **신령한** 형제애를 감지하기 시작했습니다.

그리스도인이 된지 세 달된 남자들! 그리고 그들과 함께하는 자매들, 즉 교회전체가 핍박의 한 복판에서 믿을 수 없을 만큼 자연스럽게 기능하고 있습니다. 이 남자들은 마치 한 사람, 한 몸인 것처럼 움직이고 있습니다. 데살로니가교회 안에는 지난 1700년 동안 우리가 경험해보지 못한 남성부족이 있었습니다. 그 부족은 높은 수치의 남성호르몬(testosterone)을 가지고 있었고 그것은 높은 수준으로 그리스도인의 기능을 감당하고 있었습니다.

이것을 생각해보십시오. 세 달된 교회가 누군가의 **지령**이나 **지시**를 받아 움직이지 않습니다. 그들은 서로를 부둥켜안고 있습니다. 그들 안에 무슨 일이 일어났던 것입니다. 그 일이 그들을 그렇게 만들었던 것입니다. 그들은 말 그대로 **한 몸**으로 움직이는 **하나의 생물**이었습니다.

개인적인 저의 경험을 빌려 이 중요한 요소를 말씀드리고자 합니다. 그동안 제 목회여정가운데 심겨진 교회들은 형제들의 수가 언제나 자매들을 압도하거나 최소한 대등한 비율을 유지했습니다. 저는 **결코** 그것을 의도하지 않았지만 **언제나** 그래왔습니다.

어떻게 그럴 수 있었을까요?

교회가 목사에 의해 이끌리지 않았기 때문입니다. 그렇다고 장로들에 의해 이끌리지도 않았습니다. 목사와 장로들의 통치에 교회를 맡겨보십시오. 필연적으로 여자들의 수가 남자들의 수를 압도할 것입니다. 교회의 운명을 목사나 장로들의 통치아래 맡겨보십시오. 형제들 안에 숨겨진 대부분의 창조성이 지구위에서 사라질 것입니다.

형제 여러분. 자리에 앉아, 듣고, 침묵하는 초췌함에서 벗어나 여러분의 명예를 회복하십시오. 에클레시아의 모든 것을 형제와 자매들 품에 되돌려 놓으십시오. 물론 적지 않은 위기를 마주하게 될 것입니다. 그러나 시간이 지나면 놀라 기절할만한 어떤 힘이 여러분 안에서 풀려나올 것입니다. 그리고 그 힘은 목사들과 장로들의 어안을 벙벙하게 만들 것입니다. (자매들까지도!) 한 사람으로부터 흘러나오던 지침이나 지령이 남자들… 그들 모두에게서 흘러나오는 신령한 상황을 여러분은 보게 될 것입니다. 그들은 함께 모일 것이고 부르릉 소리를 내며 자신들의 종족본성을 되찾을 것입니다! 원래 그들에게 주어진 신령한 종족본성! 신령한 생명을 나누어가진 종족만의 자기본성. 그리스도 안에 깃들어 사는 남자와 여자로 구성된 이 종족을 뭐라고 부르는지 여러분은 알고 계십니까? 이 놀라운 종족에게 주어진 아주 특별한 이름이 있습니다. 여기 계신 형제 여러분으로 구성된 그 종족의 이름은 바로 **에클레시아**입니다.

이 컨퍼런스에 참여하고 계신 형제 여러분은 이제 집으로 돌아갈 것입니다. 그 후에 일어날 일들을 생각해보십시오. 여러분은 다가오는 주일아침을 맞이할 것입니다. 그리고 교회에 나갈 것입니다. 거기서 여러분은 평신도석 뒷자리 어디쯤에 앉을 것이고 곧 목사의 설교를 들을 것입니다. 그 다음에 그곳을 **빠져나와** 집으로 돌아갈 것입니다. 여러분은 그것을 뭐라고 부를 작정입니까? 틀림없이 **교회**라고 부를 것입니다.

형제 여러분, 미안하지만 저는 그렇게 부를 수 없습니다.

12

그리고 **형제들**은 바울이 피신하도록 그 즉시 그를 바닷가로 이끌어냈습니다.

데살로니가에서 보았던 것과 유사한 장면입니다. 남자들이 중심
이 된 또 하나의 새로운 교회인 베뢰아교회가 형제 바울을 겹겹이 둘
러싸더니 그를 도시에서 **빼내** 바닷가로 이끕니다. 유기체(생물)란
바로 이런 것입니다. 이런 일을 결정하고 실행한 주인공은 다름 아닌
그 교회안의 **남자들**이었습니다. 그들의 이름은 **형제들**이었습니다.

13

바울은 여러 날을 지내다가 **형제들**을 떠나 시리아로
가는 배에 올랐습니다.

이것은 바울이 고린도교회를 떠나는 장면입니다. 고린도교회에
머물던 바울이 다시 시리아로 돌아가려할 때 **형제들**은 아굴라와 브
리스길라 부부로 하여금 바울과 동행하도록 조치합니다. 무언가를
결정하고 실행에 옮기는 것은 여전히 **형제들**입니다.

제가 드리는 말씀을 들으면서 여러분은 혹 엉뚱한 일들을 떠올릴
지도 모르겠습니다. 예를 들면, 여러분이 속한 교회에 평신도위원회
를 조직하려 한다든가, 아니면 교회 내 부서활동에 형제들이 더 적극
적으로 참여하도록 독려하는… ! 그렇지 않습니까?

최근에 국제적으로 유명한 한 기독교권위자가 라디오방송에 출연하여 교회 내 평신도들의 위치에 대해 강연하는 말씀을 들은 적이 있습니다. 그분 말씀의 요지는, 오늘날의 목사들이 평신도들에게 좀 더 많은 목회사역에 참여할 수 있도록 **허락해줄 필요가 있다**는 것이었습니다. 그것이 우리 시대의 절박한 요청중의 하나라는 것입니다.

허락해줄 필요!!

"허락한다!"는 말이 의미심장합니다!

앞으로 천년 안에 그런 일들이 실제 일어날 것이라고 생각하십니까? 혹 일어난다 할지라도 목사들이 형제 여러분에게 허락해주는 그 일은 결국 허드렛일정도의 업무일 것이 뻔합니다. 그마저 새로 부임한 보수적인 목사에 의해 취소될지도 모릅니다. 전통적인교회 안에서, 온전한 형제애로 구성된 리더십이 교회를 이끈다는 것은 생각할 수도 없고 실현될 수도 없으며 곧 바로 제거될 수밖에 없는 발상입니다. 그것은 사하라사막의 버드나무에 버터가 열릴 가능성에 필적하는 발상입니다.

그렇다면 이런 시도는 어떻습니까? 한껏 양보해서, "한 주에 한번 정도 목사가 평신도에게 설교할 기회를 **허락**해주는 것!"

어떤 결과를 맺을지 한번 시도해보십시오. "형제애"와 "형제관계"가 밑받침되지 않는 교회가 이런 일들을 시도할 때 그 결과는 끔찍한 재앙으로 끝나고 말 것입니다. 그것은 헤어진 부분을 현대적인 사고방식으로 억지로 이어붙인 임기응변식의 시도일 뿐입니다. 형제 여러분. 평신도들은 어떻게 목회하는지를 모르고 있습니다.

… 전까지는!

오직 … 전까지는!

그들이 종족본성을 되찾기 전까지는!
목사가 그 도시를 벗어나기 전까지는!

제 말씀의 요지는 목사가 그들로부터 **떠나라**는 것입니다. 홀로 남은 그 남자들이 목회를 **발견**하도록! 그들이 가라앉든지 헤엄치든지 그들을 내버려두십시오. 그러면 그들은 갑자기 목회를 **시작**할 것입니다! 우리는 그것을 "종족보전을 위한 태생적인 행동양식"이라고 부릅니다. 그것은 생존을 위한 몸짓입니다.

전통적인교회 안에서 평신도들이 실제로 기능할 수 있을까요? 형제 여러분. 이 일이 왜 어려운지, 그리고 얼마나 불가능한 일인지 한번 생각해보십시오.

여러분이 일주일에 오직 5시간 기능하는 어떤 조직에 속해있다는 사실을 알고 계십니까? (본래의 교회가 아닌 지금 여러분이 알고 있는 그 "교회"를 말하고 있습니다. 그것은 일주일에 딱 그 정도의 시간외엔 작동하지 않습니다.) 거기에 그치지 않습니다. 대부분의 구성원들은 매주 겨우 한 시간 정도 그 조직에 참여합니다. 형제 여러분. 이것을 아셔야 합니다. 열 명, 혹은 백 명, 아니면 천명의 남자들이 매주 5시간 움직이는 그곳에서 자신의 기능을 회복한다는 것이 정말 가능한 일입니까?

현재 여러분은 누군가의 선심으로 베풀어지는 얼마간의 교회생활에 만족하고 있습니다. 정상적인 에클레시아의 기능은 1년 365일, 하루 18시간, 때때로 24시간 열려있는 그런 교회 안에서만 가능한 일입니다.

만약 목사가 교회를 세운 후 그 교회를 떠난다면, 그리고 교회와 관련된 모든 것을 그 교회의 남자들에게 위임한다면 어떤 일이 벌어질까요? 우선 맞이할 일은 '대혼란.' 그 다음엔 '싸움.' 최종적인 결과는 '붕괴'일 것입니다.

왜 그럴까요?

목사와 평신도 모두 그런 상황에 대해 들어본 적도 없고 훈련받은 적도 없으며 염두에 둔 적도 없기 때문입니다. 도대체 그것이 어떤 상황인지 정의를 내릴 역량조차 그들에겐 없는 것입니다. 그러니 실패할 것이 뻔한 발상으로 여겨집니다. 그래서 전통적인 교회의 눈에 이런 발상은 과격하고 급진적인 것으로 여겨질 수밖에 없는 것입니다.

사정이 그렇다보니 이런 정신나간듯한 일들이 1세기 교회에서 실제 벌어진 상황이었다는 사실조차 현대교회는 믿을 수 없습니다. 그것은 흔히 "급진적"이라고 여겨지는 그 범위조차 뛰어넘는 영역이기 때문입니다. 교회개척자에 의해 짧은 기간의 도움을 받은 후 오로지 홀로 남겨지는 교회! 그것은 우리의 이해를 뛰어넘는 어떤 일이기 때문입니다.

여기서 제 개인적인 경험을 말씀드릴 필요가 있을 것 같습니다. "오늘날에도 그와 같은 일이 실제로 일어날 수 있습니까?"라는 잦은 질문을 받기 때문에 그 대답으로 거론하는 것이니 용서하시기 바랍니다. 신자들의 첫 모임에 참석하는 그날, 저는 도착하자마자 장차 제가 떠날 것이란 사실을 형제와 자매들 앞에 분명히 밝힙니다. 그리고 그날부터 우리는 작별을 준비해 나갑니다. 저는 형제들에게 어떤 일을 해도 좋다고 "허락"하지 않습니다. 이미 그들의 것인데 무엇을 허락할 수 있으며, 이미 그리스도인인데 제가 어떻게 그들에게 어떤 사람이 되라고 주문할 수 있겠습니까? 나는 아무것도 그들에게 허락할 것이 없습니다. 내가 할 수 있는 일이란 그들이 모든 속박에서 벗어나도록 돕는 것입니다. 형제들 역시 자매들에게 어떤 일을 하도록 "허락"할 수 없습니다. 형제들이 할 수 있는 것은 자매들이 모든 속박에서 벗어나도록 돕는 일입니다. 그뿐입니다. 그것이 전부입니다.

어떤 모자란 사람들이 종종 자매들에게 이런 질문을 던지곤 합니다. "교회 안에서 자매들의 위치는 무엇입니까?"

그때 여러분은, 뽀빠이가 블루토16)를 쏘아볼 때의 그 눈초리를 받으며 이런 대답을 듣게 될 것입니다.

> "9백 파운드 나가는 고릴라의 자리가 어디 따로 있
> 겠습니까? 그녀가 있고 싶은 그 자리가 그녀의 자리
> 입니다."

사도행전은 단순하고 즉흥적으로 기록된 문서입니다. 우리가 지금 이곳에서 집중하는 것은 1세기 신자들의 입에서 생각 없이 흘러나왔던 그 단어입니다. 생각 없이 흘러나왔기에 실제로는 그들이 살았던 환경을 보여주는 그 단어, 그래서 사실은 그들의 믿음생활을 그대로 계시해주는 그 용어를 우리는 추적하고 있습니다.

---

16) 뽀빠이의 미움을 받는 영화 속의 상대역. 역주.

여러분 역시 이들과 동일한 삶의 스타일, 동일한 영적분위기 가운데 살아갈 권리가 있습니다.

여러분도 "형제들"이라는 그 말에 대한 소유권이 있습니다. 여러분도 "자매들"이라는 그 말에 대한 소유권을 가지고 있습니다. 이유는 간단합니다. 그 단어야말로 여러분이 태생적으로 가지고 태어난 단어이고 그 단어가 의미하는 바대로 사는 것이 여러분에게 가장 자연스런 삶이기 때문입니다.

그 영적인 분위기를 말로 설명하기란 애초에 불가능한 일입니다. 그것은 여러분이 눈으로 **보아야 할** 어떤 것입니다.

이 "형제들"이란 말과 대립하는 "목사중심의 사고방식", 그리고 "장로중심의 사고방식"을 극복하는데 도움이 될 만한 이야기 하나를 소개하겠습니다.

오래전, 장기간의 유럽체류 계획을 가지고 저는 몸담고 있던 교회와 작별을 준비하고 있었습니다. 내가 떠난 후, 교회가 맞이할지도 모를 여러 위기상황들을 예상하며 저는 그 주간 다른 때와는 다른 뭔가를 준비할 필요가 있었습니다. 제가 형제들을 돕기 위해 준비했던 일은 다음과 같은 것이었습니다.

모임에 참석한 형제들 한 사람 한 사람에게 종이 한 장씩을 돌린 다음 저는 이렇게 설명했습니다. "여러분이 받은 종이위에 각자 세 사람의 이름을 적으십시오. 그 세 사람을 선택하는 방식은 이렇습니다. **여러분 안에서 부정한 사건(간음)이 일어났을 때 누가 그 일을** 처리했으면 좋겠습니까? 그 세 사람의 이름을 거기 적어주시면 됩니다."

형제들은 기절할 만큼 충격을 받았습니다. 놀란 형제들은 깊은 침묵에 **빠졌습니다.** 모두가 생각에 잠겨 괴로운 신음을 쏟아냈습니다. 그러나 나는 이 질문이 그들 가운데 **장로들을** 발견하기에 가장 좋은 질문임을 알고 있었습니다.

지금 기억하기론, 나한테 넘겨진 종이 위에 단 세 사람의 이름이 적혀 있었습니다. 네 사람도 아니었습니다. 모두가 자신이 생각하는 사람을 적어냈지만 약속한 듯이 세 사람의 이름이 그 위에 적혀 있었습니다.

교회는 누가 그들의 장로가 되어야 할지를 이미 알고 있었던 것입니다.

하지만 여기서 이야기가 끝나지 않습니다. 후에 세 형제 중 두 사람은 자신이 장로의 자리에 앉는 것을 원치 않았고 그 직분을 **사임했**

습니다! 두 사람은 그때껏 그래왔듯이 **모든 형제가** 그 책임과 권한을 공유하는 방식을 원했습니다.

언젠가 주님 앞에서 제 일생동안의 일들을 보고할 기회가 주어진다면 그 중 하나가 바로 이 모임에서 있었던 일입니다. 이들은 유기적이며, 살아있었고, 실제적이고, 순수한 생명체 바로 그것이었습니다. 그 남자들은 장로직을 **원하지 않았습니다.** 그들이 원하는 것은 오직 형제애, 형제관계였습니다. 다시 반복합니다. 그 두 남자는 장로의 직분을 원하지 않았습니다. 이 사실을 깊게 생각해보시기 바랍니다.

여러분은 많은 기독교운동들, 권위와 순종운동, 가정교회운동, 그리고 "장로"의 직분을 필사적으로 사모하는 여러 초교파운동들을 잘 알고 계실 것입니다. 그러나 이 두 남자는 다시 **형제관계로** 돌아가기를 원했습니다!

에클레시아는 하나의 조직이 아닙니다. 형제 여러분, 에클레시아는 한 소녀입니다. 그녀는 여성이며 살아서 숨을 쉬는 생물입니다. 하지만 여러분은 지금 조직가운데 속해 있습니다. 그 조직 안에서 여러분이 맡은 일은 앉아서 듣다가 일어서 돌아가는 일입니다.

그리스도인 남성들은 지금껏 거세를 당해왔습니다. 그러나 그들은 그 사실조차 모르고 있습니다. 우리는 처음교회의 모습이 머릿속에 그려지지도 않습니다. 우리가 지금까지 추적해왔던 그 단어, "형제들"이 함축하는 바를 우리는 가늠하지도 못합니다.

종족 본성이란 우리 시대에 존재하지 않는 어떤 요소입니다. 교회를 이루는 그리스도인의 종족 본성, 형제들 안에 있어야 할 종족 본성을 우리는 모두 잃어버렸습니다. 그것을 되찾을 필요가 있습니다. 제가 형제 여러분을 돕겠습니다. 저는 떠나겠다는 약속을 지킬 것입니다. 그렇다면 여러분은? 제가 떠난 후에 여러분은 여러분대로 감당해야 할 일이 있습니다. 그것은 모임 안의 다른 형제에게 못 박히는 일입니다. 종족 본성을 회복하는 일은 위험이 따르는 일입니다. 교회의 운명을 움켜쥐고, 가라앉을 것인지 헤엄칠 것인지를 스스로 결정해 나가야 합니다. 누가? "교회안의 모든 남자들이!" 우리가 예수 그리스도 안에서 어떤 존재들인지, 우리가 무엇을 하는 사람들인지 이보다 더 잘 묘사할 다른 표현은 있을 수 없습니다.

기독교 신앙을 가진 우리들은 서로에게 **형제로** 인식됩니다. 우리가 형제라면 우리 안에 동일한 유전자(DNA)를 가지고 있는 것이 당연합니다. 그 유전자는 그리스도의 유전자입니다. 우리 각 사람은 동일한 아버지 밑에 연결되어 있습니다. 하지만 결코 오해하면 안 될 것이 있습니다. 에클레시아의 삶은 가족을 뛰어넘고 이방 부족들의 관습을 초월하는 어떤 것입니다. 다른 부족들은 우리 그리스도인 부족이 소유한 어떤 것도 알지 못합니다. 감지할 수도 없을 뿐 아니라 가늠할 수조차 없습니다. 가족공동체의 개념으로도 우리가 소유한 것을 결코 설명할 수 없습니다. 우리가 소유한 것은 부족이 가진 특성조차도 사소한 것으로 만들만큼 특별하며 동시에 가족과도 전적으로 다른 어떤 생명체입니다. 왜 그렇습니까? 가족은 사람의 유전자(DNA)를 공유합니다. 그리고 그룹의 규모도 작습니다. 더구나 다른 모든 그룹들은 그 안에 한 사람의 리더를 두지만 우리는 결코 그렇지 않습니다.

그렇다면 에클레시아는 무엇입니까?

에클레시아 안의 형제들! 우리는 어째서 특별합니까? 우리는 육신적인 혈통이 아닙니다. 우리는 부족이나 가족공동체에 알려지지 않은 특별한 요소, 우리 안에서 주고받는 특이한 요소를 가지고 있습니다. 형제 여러분. 우리 각 사람 안에는 외부세계에서 들어온 신성이 자리하고 있습니다.

여러분은 여러분의 도시에 필요한 복음의 공동책임자이고 여러분이 살고 있는 지방과 그 이웃지방에 에클레시아를 심을 연대의무를 지닌 분들입니다. 세계 곳곳에 에클레시아를 세우는 형제들을 지원할 책임도 여러분에게 달려있습니다. 이 땅에 하나님나라가 세워지는 일은 목사들의 책임이 아닙니다. **형제와 교회개척자들** 안에서 전개되는 일입니다. 그 모든 일이 여러분 형제의 어깨에 걸려 있습니다. 그런데 그 전방위적이고 실제적인 에클레시아의 형제관계가 현재 가족과 부족에도 미치지 못하는 상태에 빠져있는 것입니다.

그래서 우리는 더 이상 목사의 관점이 아닌 "형제들"의 관점으로 교회생활을 다시 주목해보려 합니다.

5. 형제들의 모임은 실재한다

열 명 남짓, 아니면 그보다 많은 남자들이 하나님나라의 방향을 가늠하며 함께 모인다는 것은 얼마나 굉장한 일인지 모릅니다! 여러분이 지금까지 걸어온 믿음의 여정가운데 **모일 때마다** 더욱 간절해지는 만남이 있었습니까? 여러분의 삶 가운데 매 주 간절히 기다려지는 모임이 있습니까? 그렇게 깊은 애착을 가진 만남을 경험하고 있습니까? 그런 만남은 실제로 존재합니다.

(다음에 소개되는 진술들은 "형제들의 모임"을 실제로 경험하고 있는 그리스도인 남자들의 고백입니다. 곧 형제들의 고백!)

보통은 두 시간에서 여덟 시간까지 모임이 계속되는 경우도 있습니다./ 우리 형제들이 놀라운 일을 계획하거나 중요한 일에 골몰할 때, 또는 심각한 일에 **빠져있을** 땐 자매들이 식사를 준비해주기도 합니다./ 형제들의 모임에서는 모두가 예수 그리스도를 깊이 경험하게 됩니다./ 형제들의 모임은 큰 부담이 없습니다./ 형제들의 모임에선 내가 누구인지보다 **우리가** 누구인지를 고민하게 됩니다./ 우리 형제들이 교회생활에서 경험하는 것을 알게 된다면 당신은 개인으로 사는 것보다 훨씬 더 나은 존재가 될 것입니다./ 우리의 모임을 도와준 교회개척자는 우리들에게 어떻게 모이라고 지시하지도 않았고 모임의 규칙을 정해준 적도 없습니다./ 나는 한 개인입니다. 모임에서 나의 개성은 존중됩니다. 그러나 동시에 나는 더 큰 어떤 것의 일부가 됩니다. 나는 원래의 나보다 더 커집니다. 나는 형제의 일부가 됩니다. 이것이 뭔지를 나는 말로 설명할 수 없지만 그것은 내게 분명한 사실입니다.)

교회의 운명이 그 교회의 전체 형제들에게 위임된 교회, 즉 어떤 지도자나 성직자, 장로, 집사, 순회교회 개척자(itinerant church planter)로부터도 자유로운 교회를 여러분이 목격한 적이 없다면 지금 이 형제들이 고백하는 말이 전혀 감이 잡히지 않을 것입니다.

어쩌면 그것이 무엇을 말하는지 아는 분들도 있을지 모릅니다. 짧은 기간 동안 경험해본 사람도 있을 것입니다. 한편으론 그러한 형제관계를 어려울 때 의지하고 도움을 구하는 친구관계 정도로 여기는 분들도 있을지 모릅니다. 형제 여러분. 교회 안의 모든 남자들에게 그 운명이 걸려있는 교회란 그런 관계를 말하지 않습니다. 저는 지금 언어로 설명할 수 없는 어떤 신령한 차원을 여러분께 말씀드리기 위해 애를 먹고 있습니다.

그것을 무엇에 비교할 수 있을지, 저는 쉽게 말씀드릴 수 없습니다.

그들은 누군가의 존경을 받기위해 매달리지 않는 사람들입니다. 그들은 서로 흉금을 터놓을 수 있습니다. 절대적으로 비밀이 보장됩니다. 허물없는 만남이 그곳 형제라는 종족이 사는 곳에서 펼쳐집니다. 그곳은 여러분이 주교가 되고 철학자가 되는 장소입니다. (형제들은 그것을 좋아합니다.) 있는 그대로의 모습을 노출해도 좋습니다. 다른 형제들에게 짐이 되어도 괜찮습니다. 실수를 저질러도 괜찮습니다. 한번 실수한 후에 또 실수를 범하는 것도 허용됩니다. 언제든 여러분이 폭탄을 껴안을 수 있습니다: 즉 언제든 여러분이 형제의 리더가 되기 위해 나설 수 있습니다. 그 어려운 자리에 들어가려는 형제들에겐 입장료를 할인해주기도 합니다!

형제 여러분! 여러분 안에는 그런 자유가 존재합니다. 그 집은 남자라는 종족의 벽돌로 지어집니다. 그럼에도 우리 시대의 남자들은 그 절박한 형제관계를 상실해왔습니다.

(형제들이 만나는 그 곳은 또한 우리 주님 예수께서 자신을 교회의 머리로 드러내시는 장소이기도 합니다.)

저는 유기적인 교회의 모습이 어떤 것인지를 말로 다 설명드릴 수 없습니다. 그것을 발견해나가기 위해 망망대해로 노저어가는 형제들과 자매들의 삶이 어떤 것인지를 표현해낼 방법이 없습니다! 그러한 모험이 담보하는 것이 무엇인지도 말씀드리기 어렵습니다. 그 안에 담겨진 능력, 고귀함, 신선함, … 그리고 그러한 만남과 형제관계로부터 **흘러나오는** 열 두 가지도 넘는 놀랍고 경이로운 일들을 말로 설명드릴 방법이 없습니다. 그 실제적인 삶이 거름이 되어 성장하는 교회, 그 교회 안에서 만발하는 **유기적인 표현들**, 그것을 계속 찾아나가는 믿음의 삶! 교회생활의 모든 방향과 운명이 형제들과 자매들의 손에 달려있는 바로 그 교회생활의 모습이 어떤 것인지를 어떻게 입술로 설명 드려야 할지 모르겠습니다. 그 자유분방한 공동체를 표현할 언어는 지구상에 존재하지 않는 것 같습니다. 그것이 어떤 것인지를 형제 여러분이 직접 확인해볼 필요가 있습니다.

제가 말씀드릴 수 있는 것은 그들의 만남이 한 주에서 그 다음 주로 넘어갈 때마다 변화를 경험한다는 사실입니다. 왜 그런지는 모르겠습니다. 지구상에 그와 같은 존재가 없기 때문에 비유로 삼을 대상도 없습니다. 하지만 여러분이 얼마간 그들의 모임을 방문하게 된다면 이 한 가지 사실만은 잊지 마십시오. 여러분이 그곳에서 목격하게 될 그 모습은 여러분에게 태생적으로 주어진 자원들입니다!

이 "형제들"이라는 단순한 말을 어쩌면 오늘 처음 "성경 밖"으로 끄집어내는 사람도 있을지 모릅니다. 이 "형제들"이란 말은 다른 어떤 종교에도 속하지 않은 용어입니다. 그것은 오늘 우리들이 "경험"

할 수 없는 용어가 되어버렸습니다.

부디 이 용어가 다시 이 지구상에 살아날 토대가 마련되기를! 부디 이 단어가 형제 여러분의 소유가 될 수 있기를!

회심한 그날부터 여러분의 소유가 되었어야 할 이 신령한 형제관계는 그리스도인인 여러분의 삶에서 그동안 거세당해왔습니다. 그것은 1700여 년 전 기독교 역사가 시작된 방식 때문에 비롯된 일입니다.

교회의 운명과 그 방향은 목사들이나 장로들에게 위임된 것이 아닙니다. 그것은 오직 형제와 자매들에게 위임된 것입니다! 동시에 그것은 예수 그리스도께 속한 것입니다. 결코 다른 어떤 대상에게 주어진 바가 없습니다!!

여러분은 그리스도인 남자들이 매일, 그리고 매주, 어느 땐 길거리에서 아니면 또 다른 장소에서 '교회생활'을 함께 한다는 것이 무엇을 말하는지, 그리고 그 교회생활을 지켜내기 위해 형제의 모임에서 종종 격렬한 싸움을 견뎌내는 것이 무엇인지 전혀 모르고 있습니다.(그렇습니다. 그것이 바로 교회생활입니다!)

오늘날, 하나님의 나라에서 크든 작든 여러분에게 주어진 영역은 거의 없습니다. 여러분은 그저 자리에 앉아 있습니다. 그리고 다만 들을 뿐입니다.

여러분 안엔 **형제들의 모임**이 존재하지 않습니다. 몇 명의 남자들이, 또는 모든 형제들이 주님 그리스도께 닿기 위하여 필사적으로 헤엄쳐나가는 모임, 여러분은 그 자리에 서 본 적이 없습니다. 형제 여러분, 그곳으로 돌아가십시오. 여러분에겐 그럴 권리가 있습니다. 여러분은 **형제들**입니다.

교회생활 안에는 그곳에서만 경험할 수 있는 극적인 상황이 존재합니다. 매 주일 새롭게 연출되는 **드라마**가 있습니다. 그곳에선 그리스도의 남자들과 그리스도의 여자들이 상주하는 성직자나 지도자 없이 예수 그리스도께 사로잡혀 고군분투합니다. 종교의식에 물들지 않은 평신도들이 한 몸을 이루기 위해 그리고 그리스도께 나아가기 위해 힘겨운 싸움을 펼치는 그곳은 머릿속 지식이 아닌 눈으로 배워야 할 현장입니다. 그것은 그 몸의 일부가 될 때 경험되는 것이지 말로 표현할 수 있는 어떤 것이 아닙니다.

한 사람이 자신의 평생을 걸고 추구해야 할 가치가 바로 여기에 있습니다.

어떤 사람들에겐 그러한 삶이 결코 감당키 어려운 경험이 될 거라는 점을 미리 경고합니다. 그런 상황을 견디기 힘들어하는 부류의 형제가 있습니다. 그들에 대한 두려움이 제 안에 있습니다. 다행히 그런 사람들은 그 안에 그다지 오래 머물지는 않습니다. 그들은 이렇게 생각합니다. "이렇게 많은 문제를 겪으며 어떻게 같이 살 수 있는가! 이 다양한 상황들을 우리가 직접 마주하고 우리 스스로 결정해야 한단 말인가! 이토록 잦은 위기를 맞는 모임에 어떻게 계속 참여한단 말인가!" 그는 결국 안전한 삶, 개인경건을 추구하는 믿음생활로 돌아가고 싶을 것입니다. 누가 그를 비난할 수 있겠습니까?

예컨대 불평등을 견딜 수 없는 형제들도 존재합니다. "우린 모두 평등하다."는 말을 입에 달고 사는 형제들이 그렇습니다.

그러나 형제들의 모임 안에선 불평등한 상황을 자주 직면하게 됩니다. 우리는 결코 평등하지 않습니다. 우리 중에는 지혜를 소유한 형제가 있습니다. (그것은 겉으로 드러나지 않습니다.) 통찰력을 가진 형제도 있습니다. (그 유형을 잘 분별할 필요가 있습니다.) 별 존재감 없는 형제도 있습니다. 그들은 조용히 모임에 참여했다가 조용히 돌아갑니다. 모임 속에 들어와 있는지도 모르게 존재합니다. 이 모든 사람들이 여전히 우리의 형제들입니다. 그것은 분명한 현실입니다. 우리는 평등하다고 말할 수 없습니다.

어떤 형제들은 타고난 지도자입니다. 그것에 대해 하나님께 감사해야 합니다. 하지만, 하나님께서(그리고 형제들 안에서) 그 타고난 지도자적 성향을 무너뜨리는 것을 지켜보는 일은 무시무시한 경험이 될 것입니다. (반대로 평화와 사랑만 원할 뿐 그 외에 다른 어떤 것에도 관심 없는 형제들 역시 하나님께선 무너뜨릴 것입니다. 그런 형제들은 모임 안에서 두세 가지의 의견이 충돌하는 것만 보아도 놀라 쓰러질지 모릅니다! 하나님께서 그를 깨뜨리는 것을 옆에서 지켜보는 것은 참으로 두려운 일중의 하나입니다.)

이 모든 깨어짐이 형제들의 모임 안에서 목격되는 소름 돋는 경험들입니다.

그 모든 과정을 모두에게 그리고 동일하게 적용하려는 시도를 멈춰야 합니다. 그것은 동등하게 적용될 수 있는 사안들이 아닙니다. 어떤 형제에 대한 여러분의 판단과 인식은 모임 안에서 계속 달라질 것입니다. 때때로 아무 존재감 없던 형제가 교회 안에서 가장 중요한 사람이 될 때도 있습니다. 아무도 갖지 못한 사랑과 돌봄의 능력을 그가 발휘하는 때가 있기 때문입니다. 어느 시점에선 적절치 않은 처신을 일삼다가 다른 순간에는 놀라운 지혜를 발휘하는 형제도 있습니다. 누가 보더라도 바람직한 형제인데 지난주엔 왜 그렇게 무지하게 처신했는지 이해가 안 되는 경우도 있을 수 있습니다. 매주간 패러다임의 변화가 있을 것입니다.

어느 순간엔 한 사람이 전적으로 어려운 상황을 짊어져야 할 때가 찾아오기도 합니다. "한 형제가 모든 것을 짊어진다고?!"… 당장 듣기엔 마음이 불편할 수 있습니다. 그러나 형제 여러분, 제 말을 믿으십시오. 그런 순간이 찾아오고 상황이 그렇게 조성될 **그 때**엔 하나님께서 그 형제를 주신 것과 그 형제가 그렇게 하는 것에 감사하게 될 것입니다. 여러분 중에 형제들의 모임가운데 태어나서 성장해온 분이 있다면 그런 일이 그다지 불편한 일이 아님을 알 것입니다. 그 일이 그렇게 된 것은 그 순간엔 정확히 그렇게 될 필요성이 있었기 때문입니다. (명심해야 할 사실이 있습니다. 그 형제가 전적으로 적절치 않은 시간에 그 동일한 일을 한다면 그 형제는 심각한 위험에 처할 수 있습니다.)

형제들이 모인다는 것은 쉬운 일은 아닙니다. 하지만 초콜릿을 위해 여러분이 그 기회를 상실하진 않을 것입니다. 왜냐면! 여러분은 종족본능을 가지고 있는 형제집단이기 때문입니다. 그리스도인으로서 여러분 안에는 여러분 본연의 서식처를 사모하는 본성이 새겨져 있습니다.

여러분 내면에 새겨진 그 본성이 유기적인 에클레시아를 찾아 나선 사람들-형제와 자매들-과 결합하고자 갈망하고 있습니다. 형제 여러분의 영적인 속성 안에 에클레시아-**신령한** 종족이 소유한 생명-를 갈망하는 태생적인 부르짖음이 존재함을 여러분 스스로 잘 알고 있습니다.

여러분 중에 진 에드워드라는 목사를 한번 보기 위해 이 자리에 오신 분도 있을지 모르겠습니다. 그가 누구이며, 어떤 목사인지, 그리고 이 많은 형제들에게 뭐라고 말하는지 들어볼 심산으로 말입니다. 부디 그리스도의 몸에서 흘러나오는 그 생명이 여러분에게 흘러들어가기를 빕니다. 저는 그저 한 여인을 관찰해온 생물학자 이상의 아무것도 아닙니다. 에클레시아라고 불리는 한 소녀! 저는 그녀를 관찰해왔고 또 그녀의 성장을 목격해왔습니다. 그리고 그녀가 저를 가르쳤습니다.

저와 함께 그녀를 주목하십시오.

형제 여러분은 여러분 나름의 철학과 신학, 그리고 다른 어떤 지식을 가지고 이 자리에 오셨을 것입니다. 여러분 모두는 종교적인 지도자가 하나님의 백성들에게 깊은 상처를 끼치는 모임 속에서 고통과 회의를 경험하며 여기까지 왔습니다.

그렇습니다. 저는 단 한마디로 여러분의 문제를 말씀드릴 수 있습니다. 여러분은 **형제들의 모임**을 전혀 모르고 있습니다. 그것이 여러분 모두의 문제입니다. 문제는 명확하고 단순합니다. **형제들의 모임!** 그것이 여러분이 배워야 할 유일한 한 가지입니다.

매주일, 오직 형제와 자매들이 교회의 모든 것을 떠안는 에클레시아, 생생히 살아 숨 쉬지만 다른 한편 난리법석인 그 에클레시아, 그 생명체의 일원이 된다는 것은 어떤 걸 의미할까요?

그렇습니다. 제일먼저 떠오르는 말이 "정신 나간!"이라는 단어입니다.

그동안 이 소녀가 성장하는 것을 지켜보았던 저의 목격담을 좀 더 나누고 싶습니다. 형제들의 모임이 처음 시작되는 단계에선 어떤 일들이 벌어질까요? 그렇습니다. 그 과정을 통과하는 여러 단계가 분명히 존재합니다. 이제 말씀드리는 것은 제가 직접 목격해왔던 일들입니다.

6. 형제들의 모임이란?

형제들의 모임이란?

이 모임은 여러 단계를 거쳐서 마지막 단계에 이릅니다. 그리고 그 마지막 단계에서 형제 여러분은 매우 가치 있는 어떤 것을 경험하게 됩니다.

1단계. 여러분은 높은 기대를 가지고 모임을 시작할 것입니다. 그러나 형제 여러분은 너무나 어리석습니다. 함께 모이는 형제들이 완전히 타락한 존재라고는 믿지 않기 때문입니다. 여러분은 아직도 인류에게 희망을 걸고 있습니다. 그들에게 소망이 있다고 믿는 것입니다. 아, 우리는 참으로 우매한 영혼들입니다! 안타까운 일이 아닐 수 없습니다. 여러분은 머잖아 충격에 빠질 것입니다. 이런 시행착오를 겪는 이유는 그동안 여러분이 형제들을 만난 경험이 없기 때문입니다! 우리의 **형제들**은 타락한 존재들입니다. 완전히 타락했습니다. 이 지식에 이르는 단계가 바로 첫 번째 단계입니다. 이 첫 단계는 모임 안에서 발견되는 충격적인 모습들을 지켜보며 처음 가졌던 기대가 산산이 부서지는 것을 경험하는 단계입니다.

새로운 교회를 시작하는 사람들, 형제들의 모임을 다시 찾으려는 분들에게 제가 드리는 중요한 충고가 있습니다. : 여러분의 기대를 낮추십시오.

2단계. 함께하는 형제들 안에 어떤 영적인 요소도 없다는 것과 가치 있게 여길 만한 아무런 요소도 그들 안에 존재하지 않는다는 사실을 서서히 받아들이는 단계입니다. 이 기간 동안, 여러분은 다른 형제들을 거의 죽이고 싶은 지경에 이를 것입니다. (약 2년-5년 정도 이 상태가 지속됩니다. 오래전 상실한 유산을 찾기 위해 이 길에 들어섰던 모든 개척자들과 선구자들도 이 단계를 경험했습니다.)

만약 방관자로 지내다가 이 끔찍한 미움과 혐오의 시기가 지나간 **후에** 형제들의 모임에 들어온 분들이 있다면 그들의 눈엔 아름다운 일들만 보일 것입니다. 결코 거기에 지불된 대가를 알 수 없게 됩니다. 모임 안에서 형제들이 행하는 모든 일들이 마치 살아 숨 쉬는 생물의 신체처럼 자연스러워 보일 것입니다. 그렇습니다. "살아 숨 쉬는 생물의 움직임처럼 자연스러워진 그 몸"은 누군가 당신의 목을 졸라 죽이고 싶은 단계를 거쳐서 맞이하는 결과입니다. 자연스러움 이라?!⋯ 그렇습니다. 그것은 분명한 사실입니다.

아내와 결속된 사랑의 관계, 그리고 한 몸 이룬 형제와의 관계! 이 두 가지가 이 땅에서 인생을 낭비하지 않을 두 가지 삶의 형태라고 저는 역설합니다. 결혼과 형제와의 만남! 이것이야말로 이 땅에서 가장 오래도록 지속할 가치 있는 삶의 두 방식입니다! 두 가지 모두 어려운 과제임엔 분명하지만 그것은 결코 소진되지 않을 가치들입니다. 형제 여러분이 추구하는 다른 어떤 삶의 방식 안에서도 그런 관계는 찾을 수 없습니다.

저는 지금, 형제들, 그리고 그 형제들의 모임이 우리에게 얼마나 필수조건인지를 생물학적인 견지에서 말씀드리고 있습니다. 세속적인 어떤 가치나 필요충족을 의미하지 않습니다. 신성을 소유한 독특한 생물로서 이 땅을 살아갈 그 삶의 방식에 대해 말씀드리는 중입니다. 에클레시아가 여러분의 영적인 삶의 일부이며 필수조건인 것처럼, 형제관계(여러분이 그것을 뭐라고 부르든!) 역시 생물학적으로 볼 때 그만큼이나 여러분 삶의 일부이며 필수조건입니다.

여러분에겐 형제가 필요합니다. 여러분은 에클레시아로 알려진 그 자유의 서식처에서 형제와 함께 지낼 필요가 있습니다.

가장 주목할 만한 요소는 이것입니다. : 거기에선 어느 누구도 여러분을 감시하지 않습니다. 제가 지금 무슨 말씀을 드리는지 아시겠습니까?

여러분이 어떤 셀 그룹에 속해 있다면 생각해보십시오. 그곳에서 여러분은 누군가의 시선을 의식하지 않습니까? 가정성경공부모임에 속해있습니까? 교회의 어떤 위원회에 속해 있습니까? **누군가**, 그리고 어디에선가 여러분을 감독(감시)하고 있는 것이 느껴지지 않습니까?!

제가 보기에 여러분은 그리스도 안에서 자유롭다는 것이 무엇을 말하는지 모르고 있습니다. 이것을 한 번 생각해보십시오. 어떤 교회를 막론하고 그 교회 안에 속한 "평신도들", 그리스도인 남자들이 참여하는 모든 활동들을 주목해보십시오. 그들을 지켜보는 누군가가 존재하지 않습니까? **어떤 사람**이 여러분을 지켜보고 있습니다! 감독자의 눈이 있을 때 여러분은 그리스도 안에서 자유로울 수 없습니다. 거기에서 여러분은 감시받는 존재가 됩니다. 특히 감시하는 그 사람이 종교적인 선입견을 가진 사람이라면, 거기에다 어떤 직함까지 가지고 있다면 더욱 더 그렇습니다! (그런데 보통 그들은 이 **두 가지**를 **모두** 가지고 있습니다!) 그러나 형제의 모임 안에서 여러분은 '눈'으로 자유를 볼 수 있습니다. 손에 잡히는 자유, 실제 누릴 수 있는 자유, 점점 커지는 자유가 그 안에 실존합니다.)

교회생활을 경험하는 남자들, 형제의 모임 안에 소속된 남자들에게 "누군가 당신을 지켜본다는 느낌이 있습니까?" 라는 질문을 던져보십시오. 형제들의 모임, 그들의 교회생활 안에서는 누구도 여러분을 감시하거나 감독하지 않습니다. 여러분 위에서 여러분을 지켜보는 한 사람이 있다면 그 분은 예수 그리스도일겁니다! (이때 컨퍼런스에 참석한 한 사람이 진 에드워드의 말을 끊으며 한 마디 덧붙였다. "우리를 감시하는 사람이 있습니다. 자매들 말입니다!")

여러분은 그 삶과 그 자유를 소유할 권리가 있습니다.

그렇다면 여러분이 지금까지 배워온 권위와 순종은 무엇일까요? 예, 권위와 순종이란 용어가 성경에 나옵니다. 형제들이란 용어가 서신서들과 사도행전에 나오는 것처럼, 이 용어 역시 거기에 등장하는 것이 사실입니다.

그렇습니다. 그렇다고 말씀드릴 수 있습니다.

그러나 여러분! 여러분 안에서 하나의 교리처럼 사용되는 이 "권위와 순종"은 그 용어가 언급되는 신약성경의 문맥과 아무런 상관이 없습니다. 그것은 신약성경 이곳저곳에 흩어진 몇 몇 구절들을 뽑아내 하나의 교훈으로 짜깁기한 것일 뿐입니다. 도대체 누가 이 위대한 일을 해냈을까요? 그렇게 뽑아내고 짜깁기한 가르침으로 여러분을 혼내줄 필요가 있는 그 사람이 그 일을 해냈습니다. 신약성경 전체에 등장하는 일관된 말씀인 것처럼 지독스럽게 반복되는 이 용어! 교리화된 "권위와 순종"은 잔뜩 겁을 집어먹고 무엇인가를 두려워하는 바로 그 사람으로부터 흘러나온 가르침입니다. 왜 그럴까요?

그들은 두려워하고 있습니다. 그들이 두려워하는 대상은 여러분입니다. 여러분이 실제로 고민하고 느끼고 말하기 시작할 때, 바로 그때 여러분이 일으키게 될 그 숱한 문제들을 감당하기 어려운 사람! 그 사람 속에 존재하는 그 두려움이 바로 이 교리의 출처입니다. 지도자의 위치에 있지만 두렵고 불안한 사람, 권위와 순종이 아니면 지도력을 상실하는 그 사람! 그가 가르치는 교리가 바로 권위와 순종입니다. 가련한 여러분의 머리 위에서 휘두르는 그 권위와 순종이 아니고선 그들은 결코 성공할 수 없습니다. 그것은 휘청거리는 사람이 의지하는 목발입니다. 중요하지도 강력하지도 않은 자리에 있지만 중요하고 강력한 자리에 있는 것처럼 느끼고 싶은 사람, 패배와 상실을 배우지 못한 사람! 우리가 사는 이 그리스도인의 세계, 즉 에클레시아의 세계에서 패배하고 상실하는 것이 뭔지를 배우지 못한 사람, 그 사람은 결국 아무것도 모르는 사람입니다. 그들이 선포하는 가르침이 바로 이 권위와 순종이라는 교리입니다.

권위와 순종의 교리를 교묘히 행사하는 그 사람은 결코 성경적인 권위를 소유할 수 없게 됩니다. 하나님으로부터 나오는 권위를 가진 사람은 자신 안에 진실한 영적인 권위가 있음을 결코 들키지 않습니다. 그 사람은 권위와 순종을 가르칠 만큼 비열한 자리에 서지도 않습니다.

지도자의 위치에 있는 사람들에게 필요한 것은 누구보다도 **먼저**

순종을 배우는 것입니다.

권위를 염두에 두지 않는 사람은 형제관계가 **깊이** 뿌리를 내린 신자들의 몸 안에서 존재감 없는 긴 세월을 견뎌낼 수 있습니다. 조직과 유기체 사이의 차이, 성경구절과 생물의 차이란 바로 그런 것입니다.

형제들의 모임은 우리 모두에게 순종을 가르칩니다. 형제들의 모임 안에서 권위라는 용어가 적절하게 표현된다면 그것은 오직 왕이신 그리스도만을 가리킬 것입니다.

제가 드린 말씀이 형제들의 모임이 무엇인지를 이해하는데 도움이 되었으면 좋겠습니다.

사도행전과 서신서에서 '**형제들**'이란 이 용어는 거의 115번이나 언급됩니다. 이제 이 형제가라는 용어가 우리에게 선사하는 아주 인상적인 장면 하나를 보기위해 저와 함께 이동해보겠습니다.

7. 서신서 안의 형제들

사도행전으로 건너가 이 말씀이 우리에게 계시하는 **형제들**의 의미가 무엇인지 살펴보겠습니다.

14

우리가 도착했다는 소식을 듣고 형제들이 (로마로 부터) 우리를 만나러 트레이스 타베르네(Three Tav-erns)까지 마중 나왔습니다. 바울은 그들을 보고 하나님께 감사하며 큰 힘을 얻었습니다. 우리는 그렇게 로마에 당도했습니다.

이 말씀은 매우 극적인 상황을 그 안에 담고 있습니다. 여기에 그려진 감격적인 장면을 연상해보시기 바랍니다.

바울은 지금 죄수의 신분으로 로마까지 호송되고 있습니다. 도중에 배가 난파되는 사건까지 겪었지만 간신히 살아남아 이탈리아 땅을 밟았습니다. 이 말씀이 전하는 바는 간결합니다. "우리는 거기서 몇 몇 **형제들**을 발견했고 그들과 7일을 함께 머물기로 결정했습니다!" 이 본문이 "우리는 교회를 발견했고 그 교회의 지도자들을 만났습니다!"라고 말하지 않고 있음을 주목하십시오. 누가와 바울! 그들은 지금 자신들을 마중 나온 로마에클레시아의 형제들을 만난 것입니다. 그리고 그것은 탈진한 그들에게 큰 용기를 주었습니다.

이 말씀은 애매한 상황을 연출하지 않습니다. 그 시사하는 바가 분명합니다. 여러분은 이 본문을 이미 여러 차례 읽은 경험이 있을 것입니다. 그럼에도 여러분은 아무것도 눈치 채지 못했을 것입니다. 이 본문은 1세기 교회의 속살을 드러내는 말씀입니다. 물론 저자는 그것을 의도하지도 않았을 것이고 의식하지도 못했을 것입니다. 그럼에도 우리는 그가 무의식적으로 기록한 이 말씀을 통해 1세기 교회에 대한 귀중한 통찰력을 얻을 수 있습니다. 바다에 빠지고 여정에 지쳐 절반은 죽다시피 로마에 도착한 누가와 바울! 그런데 거기서 이들을 마중 나온 로마교회의 형제들! 두 사람은 비로소 안도의 한숨을 내쉬며 마음의 평안을 얻을 수 있었습니다.

'형제들'이라는 단어가 그토록 거룩하고 성스러운 것임을 배웠다면 여러분도 이 형제들처럼 행동했을 것입니다.

사도행전은 그렇게 끝을 맺고 있습니다. 그렇다면 서신서는 어떨까요? 거기에서도 교회생활을 엿볼 수 있는 어떤 단서를 얻을 수 있을까요? 사도행전과 달리 혹 서신서는 "목사들" "장로들" 그리고

"지도자들"만 언급하는 것은 아닐까요? 우리는 바울 서신들을 그 기록된 연대순으로 살펴볼 것입니다. 이 서신들의 수신자는 누구일까요? 초교파 선교단체들일까요?! 그렇지 않습니다. 편지의 수신자는 유기적으로 기능하는 교회들이었습니다.

갈라디아서

갈라디아서 안에는 그 지역교회 **형제들**에 대한 10여 차례의 언급이 있습니다. 여러분이 얼마간 이 편지를 이해한다면 어떻게 이 용어가 여기 등장하는지 궁금할 것입니다. 여기에 나오는 네 교회들은 끔찍한 위기가운데 처해 있습니다. 거의 정신을 못 차릴 정도의 위기입니다! 그럼에도 목사, 장로, 집사는 아예 등장하지 않습니다. 단 **한 차례**도 그 이름이나 직분이 언급되지 않습니다. 오직 형제들에 대한 언급이 10여 차례 언급될 뿐입니다. **형제들** 이외의 다른 어떤 이름이나 직함도 등장하지 않습니다.

> "바울, 당신은 도대체 어떤 사람이오! 당신은 오늘날
> 의 목사들과 정말 다른 분이군요! … 당신은 형제들
> 을 정말로 믿었단 말이오?!

데살로니가서

데살로니가교회 역시 대 혼란을 겪고 있었습니다. 이 교회에 보낸 바울의 첫 번째 편지, 즉 다섯 장(5 chapters)으로 구성된 데살로니가

전서 안에는 **형제들**에 대한 언급이 17차례 등장합니다. 목사들에 대한 언급은?! 단 한 차례도 없습니다. 장로들에 대한 언급은?! 역시 단한 차례도 없습니다. 이 교회에 보낸 바울의 두 번째 편지, 즉 데살로니가후서엔 **형제들**에 대한 5차례의 언급이 있습니다. 하지만 우리에게 익숙한 장로들은 단 한 차례도 언급되지 않습니다. 데살로니가교회에 보낸 두 서신만 합산해도 22차례나 '형제들'이 언급되고 있습니다. 단지 9장으로 구성된 이 편지 속에서만!

고린도전서

고린도전서 전체를 통틀어 목사, 목회자, 장로에 대한 언급은 한차례도 없습니다. 그러나 지역교회 **형제들**은 20차례나 언급됩니다. 이제 8년 된 고린도교회는 바울이 세운 다른 어떤 교회보다도 총체적인 위기를 맞고 있었습니다. 그럼에도 이 교회는 오직 **형제들**뿐이었습니다. 교회가 위기를 벗어나기까지 바울이 기대했던 것은 오직 '형제들'이었습니다.

고린도후서

고린도교회에 보낸 두 번째 편지엔 '형제들'이 13차례 언급됩니다. 그 외에 다른 어떤 유형, 어떤 부류의 지도자도 언급되지 않습니다. 단 한번도!

로마서

로마서에는 로마교회 형제들이 17차례나 등장합니다. 그러나 목사나 목회자, 장로들에 대한 언급은 한 차례도 없습니다. (집사에 대한 언급이 한 차례 나오긴 합니다. 뵈뵈(phoebe)자매! 그러나 그녀는 로마교회에 속한 여성이 아니었습니다. 종이라 불리길 원했던 그녀는 이 편지를 전달하기 위해 1000마일을 달렸던 자매입니다!)

골로새서와 에베소서

실제로는 이 두 서신 모두가 골로새교회에 보내진 편지였습니다. A.D. 400년까지는 이 편지에 에베소서라는 이름이 붙지 않았습니다.

이 두 서신엔 지역교회 형제들에 대한 언급이 전혀 없습니다.

왜 그럴까요? 대답은 간단합니다. 바울은 그 교회에 속한 어떤 형제도 알지 못했습니다. (바울이 세운 교회가 아니기 때문에! -역주) 하지만 이것을 주목하십시오. 거기엔 장로들에 대한 언급 역시 없습니다. 그 교회를 일으켜 세운 에바브라는 천마일이나 떨어진 로마에 머물고 있습니다! (그럼에도 그 교회엔 장로들이 없었습니다!) 당시 에바브라는 로마에서 죽음의 문턱을 넘나들고 있었습니다.

드디어 신약성경 전체에서 "단 한 번" 목사라는 용어가 등장합니다. 에베소서에서!

목사라는 용어가 이곳 에베소서에서 등장합니다. 단 한번! 문제는 신약성경 전체에서 단 한번 등장하는 이 "목사"라는 직분이 오늘날 지구전체를 덮고 있다는 사실입니다.

빌립보서

빌립보서엔 빌립보교회 **형제**들에 대한 일곱 번의 언급과 함께 로마교회 형제들에 대한 언급도 나옵니다. 그리고 바울이 교회에 보낸 서신서로는 처음으로 **장로**라는 호칭이 등장합니다. (인사말: "장로와 집사들을 포함한 성도들에게!") 이 편지에서만 장로라는 직분이 한 차례 언급되는 이유는 뭘까요? 바울이 이 편지를 쓸 때쯤 빌립보교회가 대략 열두 살 된 교회였다는 사실에서 그 답을 찾을 수 있습니다.

바울이 교회에 보낸 편지 중 **장로**들에 대한 언급이 등장하는 곳은 이곳이 유일합니다. 아홉 편의 서신중 **단 한 차례**의 언급. 그 외에 서신을 받은 다른 여섯 교회는 극심한 위기를 겪고 있었음에도 오직 성도들, 오직 형제와 자매들만 등장할 뿐입니다.

그렇다면 단 한 차례 언급되는 이 빌립보교회의 장로들은 어떤 사람들이었을까요? 놓치지 말아야 할 것은 이 교회가 12살 된 교회였다는 사실입니다. 이 장로들이 배출된 배경은 무엇일까요? 이들이 등장한 배후엔 누가 존재하고 있을까요? 여기 등장하는 이 장로들은 모두 빌립보교회 안의 형제관계에 깊은 뿌리를 두고 있습니다. 즉 12년이란 시간동안 지속되어온 형제모임을 기반으로 이들이 출현했다는 말씀입니다. 이 장로들 중 한 사람이 오늘 우리가 보는 그 장로들처럼 처신하는 광경을 머릿속에 그려보십시오. 어제까지만 해도 형제애를 나누던 그 사람이 말입니다! 형제들의 엄한 꾸지람이 곧 바로 그 장로에게 주어졌을 것입니다!

교회생활이란 사실 무척 안전한 삶의 방식입니다. 교회생활이 얼마나 안전한 것인지를 애틀랜타 소재의 한 지역교회를 모범으로 제가 설명해보겠습니다. 그 교회는 몇 명의 형제들이 책임 있는 자리에서서 모임을 이끌고 있습니다. (그들 모두는 최소한 형제들의 모임을 경험한 사람들입니다.) 그들이 모임을 이끌면서 항상 염두에 두는 점이 있습니다. 형제들이 결정한 사항을 모임에 속한 자매들이 언제든 거부하거나 철회할 수 있다는 점이 그것입니다. (그리고 자매들은 실제로 종종 그렇게 하고 있습니다.) 여러분은 그것이 얼마나 멋진 영향을 교회에 미치는지 상상할 수 없을 것입니다.

특이한 생물17)을 관찰해온 생물학자의 눈으로 볼 때, 애틀랜타교회의 자매들은 가사나 사업을 운영하는 것보다 교회를 직접 이끌어가는 것을 별로 좋아하지 않는 것 같습니다. (물론 그들 중 예외가 있을 수 있습니다!) 교회생활 안에서, 여러분의 아내들은 남편들이 앞

---

17) 에클레시아. 역주.

장서 비난과 비평을 받아내길 바라고 있습니다. 그렇지만 그녀들은 자신들의 생각만큼은 분명히 전달하길 원합니다! 자매들은 형제들 이해나가는 일들에 대해 자신들의 생각을 개진하고 싶어 합니다. 형제 여러분이 무슨 일을 구상하든 그녀들은 그것을 알고 싶어 합니다. 무엇보다 그녀들은 자신들이 동의하지 않은 어떤 일을 시행하려 할 때 그것이 무엇이든 어떤 일이든 거부할 권한을 갖고 싶어 합니다. 특별히 그 일이 그녀들에게 직접적인 영향을 미칠 경우엔 더욱 그렇습니다. **그렇게 함으로써** 여러분이 주의를 기울이지 않고 시도하는 모든 일들이 교회 안에서 균형을 유지할 수 있게 됩니다.

애틀랜타의 형제들은 서로를 책망하기도 하고 함께 주님을 구하기도 합니다. 때론 싸움을 마다하지 않으며 함께 축구경기를 하기도 하고 온갖 일들을 함께 해나갑니다. 중요한 것은 형제들의 모임이 끝난 후, 만약 모임에서 어떤 결정이 내려졌다면 그 결정을 **자매들에게** 보고하기 위해 형제들 중 한 두 사람을 자매들에게 보냅니다. (겸손하게!) 자매들은 형제의 말을 경청합니다. (그리고 그녀들에게 보고된 일을 어떤 형제가 담당할지 결정합니다.) 때때로 자매들은 머리를 맞대고 회의합니다. 자문을 구하거나 긴 시간 심사숙고하기도 하지만 즉각적인 반응을 보일 때도 있습니다. 어쨌든 자매들은 어느 편이 좋은지, **그렇지 않은지**를 형제들에게 말해줍니다. 그리고 형제들은 거의 그 의견에 따릅니다. (굳이 "거의"라는 단어를 첨부하는 이유는 뭘까요?!)

이러한 과정은 매우 아름답게 작용합니다. 왜 그럴까요? 형제들을 그들만의 세계에 내버려둘 때 그들은 위험스런 존재가 됩니다. 그들을 견제하고 균형 잡아줄 누군가가 필요합니다. 왜 그렇습니까? 이유는 분명합니다. 형제들은 우둔하기 때문입니다. 그것이 이유입니다! 여러분은 그렇게 생각하지 않습니까? 만약 그렇게 생각하지 않는다면, 어떤 견제와 균형도 없이 지극히 종교적인 형제가 **모든 것**을 책임지는 한 조직을 주목해보십시오. 거기서 무엇이 흘러나오는지를 살펴보십시오. 우리는 이 조직을 로마 가톨릭교회라고 부릅니다! 그 조직은 지극히 종교적인 독신 형제들에 의해 운영되고 있습니다. 형제 여러분의 모임에 자매들의 개입이 필요한 완벽한 증거가 아닐 수 없습니다. 그렇게 해서 교회 안에 평등이 이뤄지는 것입니다.

애틀랜타모임에서는 때때로 형제들이 교회의 운영과 관련된 모든 것들을 자매들에게 위임한 후 형제들은 "리더십 방학"을 갖습니다. 형제들은 그것을 좋아합니다. 그러나 자매들은 싫어하는 것 같습니다!

제 말을 주의해서 들으시기 바랍니다. 그곳의 형제와 자매들이 이곳저곳에서 따로 모인다는 의미가 아닙니다. 실제로 **모든 이**가 참석하는 다섯 차례 정도의 모임이 있습니다. 그 모임들이 어떻게 운영되는지를 말로 설명하기란 쉽지 않습니다. 이런 스타일의 공동체는 매일 매일 구성원 모두의 요구를 반영하기 때문입니다. 여러분은 그것을 주목해야 합니다.

핵심은 이것입니다. 만약 이런 환경에서 장로가 나온다면 그 장로는 오늘날 여러분이 목격하는 그 장로의 모습이 아닐 것입니다. 군림하는 장로?! 그런 모습의 장로는 장로도 아닐뿐더러 장로에게 주어진 역할도 아닙니다. 다시 한 번 말씀드립니다. 만약 강력한 형제관계를 기반으로 장로가 출현했는데 그 장로가 교회위에 군림하려든다면 나머지 모든 형제가 그 가련한 장로를 동정하게 될 것입니다.[18] 이런 유기적인 형제관계는 장로들 입장에서도 자신의 어리석은 행동을 미연에 방지해줄 영적인 안전장치가 되는 것입니다.

이제 저와 함께, 형제들의 모임을 처음 시작하는 한 그리스도인 그룹을 방문해보겠습니다.

---

18) 두려워하거나 굴복하는 것이 아니라. 역주.

8. 첫 모임

형제의 모임이 처음 시작될 때 어떤 일들이 벌어질지 여러분은 상상이나 되십니까? 만약 서양문화권 안에서 시작된다면 거의 다음과 같은 상황이 연출될 것입니다.

"형제들 모임에 오신 것을 환영합니다. 우리는 새로운 교회와 새로운 방식의 형제모임을 지향하며 이 자리에 모였습니다!" 아마 이런 유형의 인사말로 그 첫모임이 시작될 것입니다. 그러고 나서 곧바로 오고갈 심각한 주제들… .

"우리가 꼭 모임의 이름을 정할 필요가 있을까요?"

"제 생각엔 모임의 재정을 관리할 은행계좌를 굳이 개설할 필요가 없을 것 같은데요."

"예, 저는 우리 모임에 헌금함을 비치하지 않았으면 해요."

"교회는 오직 가정을 지원하기 위해 존재한다고 생각합니다."

"우리 모임을 굳이 법인으로 만들 필요가 있을까요?!"

"우리 중 누군가 입원했을 때 병실에 꽃을 보내는 관행을 생략했으면 합니다."

"모임에 필요한 의자를 꼭 구매해야 할까요? 임대해서 사용하면 어떨까요?"

"형제님들, 만약 우리가 … 하고 … 한다면 10년 후엔 목사가 다스리는 기존교회와 별 차이가 없을 겁니다!"

"잠깐만요, 형제 여러분. 이 문제는 … 시각으로 접근하는 것이 좋을 것 같습니다. 저는 지금까지 … 게 믿어왔거든요."

형제의 첫모임에서, 남자들은 끝도 없이 이런 논의들을 주고받고 또 주고받고 그래도 모자라 또 주고받을 것입니다. 그리고 결국 좌절과 분노가 슬그머니 모임 안에 흘러들어 올 것입니다. (모임안의 모든 이들이 다른 누군가를 혐오하는데 걸리는 시간은 불과 몇 달이 필요치 않을 것입니다.) 아무것도 아닌 사소한 결론 하나를 도출하는데 형제들은 수많은 주일을 허비할 것입니다. 그리고 간신히 이끌어낸 그 결론조차도 형편없는 결정이었음이 머잖아 드러날 것입니다. (형제들이란 참으로 어리석기 그지없는 존재들입니다! 아주 대단히 어리석습니다.)

아무것도 아닌 사소한 결정 하나를 이끌어낸 후 고지식한 형제들은 집으로 돌아가 이 사실을 아내에게 말합니다. "여보, 우리 형제들이 드디어 … 하기로 결정했어." 그러자 아내는 이 결정에 대한 그녀 자신의 의견을 개진합니다. 얼마 후 형제 여러분은 모임으로 돌아가 여러분이 애써 내린 그 결정사항을 번복할 것입니다. 왜 번복하게 되었는지는 여러분 자신이 잘 알고 있습니다. 그 이유는 아내들, 즉 자매들이 두렵기 때문입니다. 그것이 유일한 이유입니다. 여러분이 형제들의 모임에서 만들어냈던 남자들의 일은 자매들의 눈을 피해갈 수 없습니다.

그렇게 1년 혹은 2년의 세월을 함께 보낸 후, 형제들의 모임을 다시 한 번 슬쩍 들여다보십시오. 뒤엉킨 논리들은 더 이상 그 안에 남아있지 않습니다. 모임의 이름을 정할 것인지 말 것인지와 같은 주제에 집착하는 사람도 없습니다. 한 때 그들이 힘을 주며 주장했던 문제들을 더 이상 제기하는 사람이 없습니다. 한번 결정된 사안을 손바닥 뒤집듯 바꾸지도 않습니다.

그런데 여기 한 가지 신기한 일이 발생합니다. 여러분의 아내들, 즉 자매들이 형제 여러분을 존경하기 시작합니다. 그것을 여러분 본인도 느낄 수 있습니다. 어느새 그녀들은 형제들 모임의 열렬한 지지

자가 되어 있습니다. (그렇습니다. 이것은 분명히 실제상황입니다.)

제 목회여정을 돌아볼 때 남편이 형제들의 모임에 나가는 것을 불평했던 자매는 단 한 사람뿐이었습니다. 여러분이 자매들에게 여론조사라도 해보시기 바랍니다. 그녀들은 자신들의 남편이 형제들 모임에 나가는 것을 무척 기쁘게 여깁니다. 적지 않은 자매들은 형제들의 모임이 그들의 남편을 다시 만들었다고 고백할 것입니다. 몇 몇 자매들은 그 모임이 그들의 결혼관계를 구했다고 말할 것입니다.

저는 형제들 모임이 해낼 수 있는 일들이 무엇인지를 잘 알고 있습니다.

그것은 남자들을 변화시키고 바꾸어냅니다. 지구상의 모든 남자들 중 가장 말수가 적었던 몇몇 독신 형제들을 일으켜 세웠던 경험이 있습니다. 그들은 교회생활 안에서 바뀌었습니다. 그들에 대한 걱정과 확신, 둘 다 제 안에 있었지만 그들 중 몇 사람은 기꺼이 그들과 결혼하려는 자매들을 만났습니다. 더 믿을 수 없는 것은 이들이 지금 사회에 활발히 공헌하는 시민으로 살고 있다는 사실입니다. 이들이 형제들 모임에 드나들면서 격한 감정에 노출되는 모습을 저는 거의 본적이 없습니다. 그럼에도 어느 사이에 그들은 그럭저럭 말하는 방법을 다시 찾아내기 시작했습니다.

자매들을 주신 하나님께 감사를! 아내들을 지어 이 땅에 내어주신 하나님께 영광을! 형제들 세 사람이 모이면 그 안에서 놀라운 남자를 일으켜 세울 수 있습니다.

현재 교회생활을 실제로 경험하고 있는 형제들은 자신이 **형제들** 중 한 사람이 되어 형제들 모임에 속해있다는 그 사실 하나로 어떤 일들이 일어날 수 있는지를 잘 알고 계실 것입니다. 앞으로 10년쯤 지나서 그 형제들의 모임은 마침내 **남자들(Men!!)**을 출산하기 시작할 것입니다.

그들을 방문해보십시오. 그들에게 모든 것을 물어보십시오. 이 **남자**들에게 질문하십시오. (어떤 것이든 괜찮습니다.) 물리적인 것이든, 사회적인 것이든, 정신적인 것이든, 영적인 것이든 그들은 모든 것을 말해줄 것입니다. 형제가 된다는 것, 교회안의 형제그룹에 속한다는 것이 무슨 의미인지 여러분에게 말해줄 많은 것들을 그들은 가지고 있습니다.

여기 컨퍼런스에 참여하신 여러분에 대한 촌평이 허락된다면 제가 드리고 싶은 말씀이 있습니다. 여러분의 정신적인 안정감은 '형제가 된다는 것이 무엇을 의미하는지' 알고 있을 때 주어집니다. 여러분 중에 결혼생활이나 사업에 큰 압박을 겪고 계신 분들도 있고 그렇지 않은 분들도 있을 것입니다. 이유가 있습니다. 적어도 여러분이

형제들이기 때문에 겪는 일들입니다.

　이제 저는 매우 어려운 질문 하나를 놓고 여러분과 씨름해볼 생각입니다.

9. 교회생활의 실제

제가 사람들로부터 자주 받는 질문이 하나 있습니다. "당신이 강조하는 형제 모임의 성경적 근거는 무엇입니까?"

(교회개척자를 제외한) 다른 어떤 인물도 언급하지 않고 오직 형제만 언급하는 신약성경을 다시 보십시오. 교회안의 모든 일들이 "형제들에 의해" 성취되는 이 생생한 증언을 다시 들어보십시오. 어떻게 이 형제들이 그 일들을 해냈을 거라 생각하십니까? 그 많은 형제들이 모이지도 않고 그 일들을 어떻게 감당한단 말입니까? 텔레파시로? 형제들의 모임 없이 그 일들을 해낼 다른 방법이 있습니까?

여러분의 교회개척자가 여러분을 남겨두고 떠난다면(어떤 지도자나 인도자도 없이!) 여러분은 어떻게 하시겠습니까? **교회 안에 어떤 지도자도 존재하지 않는 이 경이로운 상황!** 1세기 형제들이 오늘 우리처럼 위원회를 구성하고 목사를 초빙했겠습니까? 아니면 형제의 모임에 사활을 걸었겠습니까?

형제들이 모여 몸을 이루는 것은 지극히 일상적인 일이었고 핵심이었기에 그들은 형제들의 모임을 구체적으로 언급할 필요조차 없었습니다. 그럼에도 반복적으로 서술되는 "형제들이 … 했다."라는 기록이 우리를 자연스럽게 한 지점으로 인도합니다. : 형제의 모임!

"형제들이 이(this) … 을 했다", "형제들이 저(that) … 을 했다", "형제들이 … 을 … 로 보냈다", "형제들이 편지를 보냈다", "형제들이 … 을 보호했다", "형제들이 … 을 좋게 여겼다(agreed)" …

그들이 모이지도 않고 의견의 일치를 이루며 그 많은 일들을 감당할 다른 방법이 있었겠습니까? 다시 한 번 추정해 보건데 텔레파시로?

형제들에게 주어졌던 그 풍성한 교회경험의 원천은 오직 **형제들** 자신이었습니다. 교회의 운명과 리더십의 출처는 오직 한 곳, 형제의 모임에서 흘러나오고 있었습니다. 그 형제들이 어떻게 모이지 않을 수 있습니까? 형제관계가 그들의 삶 거의 대부분을 차지하는데 어떻게 형제 모임이 존재하지 않을 수 있습니까? 지역교회 형제들의 활동을 가리키는 형제… 형제… 형제들이란 표현을 우리는 거듭해서 목격하고 있습니다.

지난 1700여 년 동안 우리는 이 본문들을 읽어왔습니다. 그럼에도 그들(형제들)은 우리 눈에 들어오지 않았습니다.

다른 한편, 우리가 거의 주목하지 못했던 또 다른 말씀이 존재합니다. 물론 이 말씀 역시 형제들의 관계를 가리키는 말씀입니다. 여러분이 즐겨 인용하는 구절, 1세기 문서(신약성경)에 그토록 자주 언급되지만 그것이 무엇을 의미하는지 오늘날엔 그 느낌조차 전해지지 않는 말씀이 있습니다. 무슨 말입니까?

"그들은 서로 서로를 사랑했다."

바로 "형제들의 사랑(the love of the brethren)"에 대한 언급입니다.

여기 계신 형제 여러분은 모두 훌륭한 교회에 소속되어 있을 것입니다. 왜냐면, "우리는 서로를 사랑합니다."라고 자주 고백하는 교회에 다니고 있기 때문입니다. 그렇지 않습니까? 그런데 형제 여러분, 이 사실을 한 번 생각해보십시오. 이 땅 어디에서나, 특히 영어권 어디를 막론하고, 아니 이 지구상 어디든, 전통적인 교회 안에 속한 모든 그리스도인들은 다른 형제들의 이름조차 서로 모르고 있습니다! 형제 여러분. 여러분의 눈으로 직접 목격하지 않는 한 여러분은 교회생활 안에서 경험되는 그 신령한 사랑이 무엇을 말하는지 결코 알 수 없습니다. 서로서로에게 집중하는, 거의 미친듯한 그 사랑! 그 사랑은 … **때문에** 이뤄지는 사랑이 아닙니다. … **함에도** 불구하고 불타오르는 사랑입니다. 콧물이 나와도, 괴상한 사람임에도 불구하고!

그것은 유기적인 토양에서 솟아나는 사랑입니다.

제 말을 들어보십시오, 형제 여러분. 교회생활이 무엇인지를 경험해본 적이 없는 상태에서 그 사랑에 뛰어들고자하는 사람들에게 장차 어떤 일들이 벌어질지 제가 미리 알려드리겠습니다. 여러분은 다음과 같은 과정을 거쳐 그 사랑에 이르게 될 것입니다.

형제들의 모임에서 한 몸이 되는 것을 배우기까지 여러분은 결코 신자(信者)로 살아가는 것이 아닙니다. 거기 형제들의 모임에서 서로서로를 불신하는 것이 무엇인지 배우기까지, 서로를 혐오하는 것이 무엇인지 배우기까지, 서로를 의심하는 것이 무엇인지 배우기까지, 그 방안의 다른 모든 형제들의 동기에 의문을 품게 되기까지, 여러분이 꿈꾸는 그 "교회생활"이란 것이 과연 실현될 수 있는 것인지 의심하기에 이르기까지, 그리고 마침내 그 의심 너머의 영역에 도달하기까지 여러분은 결코 그리스도인으로 사는 것이 아닙니다.

여러분이 새벽 두시에 전화를 걸어, "진, 당신이 말하는 교회생활이란 것이 여기선 일어날 조짐이 안 보입니다. 우리 안에는 그런 기미가 없어요. 희망이 없습니다. 더는 일주일도 못 버티고 폭발할 것 같습니다." 라고 고백하기까지 여러분은 교회생활에 이르지 못한 것입니다. 누가 이런 지독한 시간을 보내고 싶겠습니까?

그런데 그게 실제입니다. 그것이 여러분이 맞이할 극적인 국면입니다. 그것이 가장 위대한 모험의 한 과정입니다. 용기를 내십시오. 이런 상황이야말로 여러분이 교회생활로 들어서는 진짜 관문입니다.

한 장 한 장 눈물에 젖은 대여섯 장의 편지를 제게 보내기까지, 그 편지위에 "진, 이게 뭐죠? 도대체 이런 게 뭐죠? 제발 당장 좀 와주세요. 우리 좀 살려주십시오. 우린 다 죽을 것 같습니다." … 외치기까지 여러분은 교회생활을 제대로 경험하는 것이 아닙니다.

아! 그러나 그것이야말로 여러분이 다시 살아나는 과정, 절정으로 치닫는 아름다운 순간입니다!

여러분이 교회안의 모든 형제에게 질색하게 될 때까지 여러분은 교회생활을 배우지 못한 것입니다. 좀처럼 누그러지지 않는 분노, 형제를 죽이고 싶은 감정이 천천히 타올라 억제할 수 없는 단계에 도달할 때까지 여러분은 아직 경험해야 할 어떤 것을 경험하지 못한 것입니다.

그 상태까지 이르렀는데 거기에 희망이 있단 말입니까?

예, 거기에 희망이 있습니다.

깜깜한 그 시간, 깊은 고뇌, 절망이 절정에 다다른 그 시간… 누군가 일어나 자기를 깨뜨려 사과하기 시작할 것입니다.

그 순간에, 누군가 참회하기 시작할 것입니다. 누군가 일어나 용서를 빌기 시작할 것입니다.

누군가 울부짖을 것입니다.

누군가, 마침내, **자기를 꺾을** 것입니다.

아니면, 이와는 전혀 반대의 일이 일어날 수도 있습니다. 그러나 이 일 역시 앞서 일어난 그 일 만큼이나 "좋은" 일입니다. 누군가 드디어 폭발하여 고함을 지르거나 그 방안에 있는 모든 사람에게 울부짖을 것입니다. (그것을 신호로, 다른 모든 형제의 빗장이 풀리고 마침내 자유로워질 것입니다! 각자 다른 형제에게 길길이 날뛰며 쌓인 분노를 토해낼 것입니다.)

그리고 마침내! "거기서" 형제의식이 싹트기 시작할 것입니다!

모든 쓰레기더미와 분노와 혐오, 악몽 같은 고통에 처하게 될 그 어디쯤, 자신이 이해할 수 없는 어떤 방식, 무엇을 의도하거나 조절할 수 없는, 자신의 의지가 조금도 개입할 수 없는 어떤 상태에서 신령한 기운이 움직이는 어떤 순간이 찾아올 것입니다. (삼위일체 하나님 안에서만 알려진 비밀한 방식으로) 성령과 예수 그리스도와 아버지께서 움직이는 그 순간, **사랑**이 꿈틀거리며 **태동**하기 시작하는 그 순간이 옵니다. 뜨겁고 억제할 수 없는, 질적으로 다른 어떤 사랑, 다른 형제를 향한 그 사랑이 마침내 실제가 되는 순간이 찾아옵니다. 그때 여러분은 이 지구상에서 가장 신령한 어떤 것의 일부가 되는 경험을 하게 될 것입니다.

교회생활 이외에 그런 사랑을 경험할 다른 어떤 현장이 있다고 저는 감히 생각하지 못합니다!

우리가 교회생활을 말할 때, 그 교회생활을 구성하는 가장 큰 요인은 바로 **형제**입니다. 함께 모임을 갖는 그 형제 말입니다.

우리가 품어 안을 궁극적인 용어가 바로 이 형제입니다.

10. 우리에게 주어진 한 이름

　형제 여러분. 남자라는 종족의 유전자 변이를 겪은 여러분은 이제 집으로 돌아가 다가오는 주일 아침을 맞아야 합니다. 여러분은 교회 빌딩을 찾아가 평신도석에 앉을 것입니다. 그리고 그 자리에서 하염없이 "들을 것"입니다. (물론 침묵을 지키며 말입니다.)

　그때 이 사실을 기억하십시오. 압도적으로 많은 숙녀들에 둘러싸여 거기 앉아 있을 그때, 여러분이 남성 종족이란 사실을, 그리고 동시에 **형제들**이란 사실을 애써 기억하십시오. 지금까지 여러분이 실제로는 교회생활을 해본 경험이 없다는 사실도 기억하십시오. 다른 어디에선가는 야단법석을 떨며 형제들의 모임이 열리고 있을 그 시간에 여러분은 거기서 벗어나 있다는 사실도 기억하십시오. 형제들의 모임 안에는 그들을 지켜보는(감시하는) 시선이 없다는 사실도 기억하십시오(자매들을 제외하곤!). 거기 있는 남자들, 오직 그들만이 에클레시아의 운명을 책임질 당사자란 사실도 기억하십시오.

　지금 이 나라 안에도 가정집 거실에서 모이며 서로에게 의지하는 소중한 모임들이 많이 있습니다. 그러나 그들은 내년쯤엔 존재하지 않을 지도 모릅니다. 그들은 소리 없이 사라집니다. 왜 그럴까요? 그 안에 전쟁이 일어나고 있기 때문입니다! 그런 모임에 속한 분들에게 제가 무슨 말씀을 드려야 할지 모르겠습니다. 다른 한편, 그런 모임에서 벗어나 교회생활이라곤 해본 적이 없는 분들, 그러나 마음 한구석에선 전심으로 교회생활을 사모하는 분들이 있습니다. 그런 분들에게도 제가 드릴 수 있는 말씀은 많지 않습니다. 다만 이렇게 말씀드리고 싶습니다. 만약 제가 여러분이라면 저는 신중히 이사하는 것을 고려할 것입니다. 풍성한 교회생활을 찾아 이사하십시오. 지구상에 진정한 교회생활이 즐비하게 널려있었던 적은 없었습니다. 그래서 그것을 찾아, 아니 오직 그 한 가지 이유로 간혹 이사를 염두에 둘 필요가 있습니다.

그럴 수 없다면, 교회 생활을 방문이라도 해보십시오.

몇 주만이라도 교회생활을 경험해보십시오. 거기에서 형제들의 모임을 놓치지 마십시오. 여러분의 아내도 데려가십시오. 그녀에게 자매들 모임에 흠뻑 젖어볼 기회를 주십시오. (물론 **여러분 자신은** 형제들 모임에 깊이 젖어보십시오.)

떠오르는 모든 질문을 쏟아내십시오. 여러분이 가진 두려움, 여성들이 머리에 수건을 쓰는 것이 좋은지 벗는 것이 좋은지와 같은 문제들, 순종, 권위, 교회에서의 질서(징벌) 등에 대해서도 물어보십시오.

적그리스도나 죄와 관련된 그들의 생각도 들어보십시오. 괴상한 질문들이 바닥나거나 멍하니 대답을 듣는 것이 지루하면 그냥 그들과 편안히 즐기다 돌아오십시오!

제가 마지막으로 여러분께 들려드리고 싶은 이야기가 있습니다. 여러 차원에서 의미 깊은 이야기지만 무엇보다 **여러분이 무의식적으로 사용하는 어떤 용어**와 관련이 있습니다. 무의식적으로 사용하지만 사실은 그 용어를 사용하는 여러분의 환경을 부지불식간 반영해주는 말, 여러분이 어떤 존재이며 현재 무엇을 하고 있는지를 그대로 드러내주는 말, 여러분의 생각과 여러분의 마음이 어디에 있으며 여러분이 매일 무엇을 경험하며 사는 지를 말해주는 그 말!

저는 이 귀중한 경험을 미국 캘리포니아, 산타바바라 지역의 아일라비스타[19]라는 마을에서 얻었습니다.

거기 모였던 우리들은 딱히 모임의 명칭이 없었습니다. 의도적으로 그랬던 것은 아니었습니다. (아! 그리고 우리는 서로를 사랑했습니다. 자신의 삶을 서로에게 깊이 의지했습니다.) 하지만 얼마 후, 좋든 싫든 우리의 모임에 이름이 부여되었습니다. 누가 우리에게 이름을 지어주었을까요? 거기 아일라비스타 지역 사람들이 이름을 붙여

---

19) Isla Vista, 구글 맵에서는 이슬라 비스타로 나오지만 현지인들은 알라비스타라 부름. 역주.

주었습니다. 그들은 우리가 살아가는 모습을 "보고" 우리가 말하는 것을 "들은 결과"에 따라 우리를 불렀습니다. 우리가 무의식적으로 사용하던 일상적인 용어, 그러나 우리의 입술에 "주로" 오르내리던 그 용어, 그래서 우리도 모르는 사이 외부사람들에게 흘러나간 어떤 용어가 있었습니다. 무엇이었을까요?

침례교라는 이름은 침례교 신자들 자신이 붙인 이름이 아닙니다. 그들이 어떤 교리를 힘줘 말하기 때문에 다른 이들이 그들에게 붙여준 이름입니다. 감리교라는 이름 역시 감리교 신자들이 정한 이름이 아닙니다. 그들이 집착하는 그 방식을 다른 사람들이 "보고나서" 그들에게 붙여준 이름입니다. 오순절이라는 이름 역시 처음부터 오순절교회 신자들이 정한 이름이 아닙니다. 그들이 주로 사용하는 말을 듣거나 그들의 삶을 지켜본 다른 사람들이 그들에게 부여해준 이름이었습니다.("Holy roller"라는 명칭처럼!)

초기 그리스도인들 역시 이름이 없었습니다. 그들은 단순히 "에베소에 있는 교회," "고린도에 있는 교회,"… 이런 식이었습니다. 그것은 그저 어떤 지역에 있는 모임, 즉 그 모임이 이뤄지던 그 도시나 마을의 이름이었습니다. 바울이 한 도시 혹은 한 마을에서 모이던 사람들이나 그 교회에 보낸 편지에서 인사말 후에 바로 언급하는 형제와 자매들이란 용어 역시 바로 그런 관점에서 사용된 단어였습니다.

바울이 교회들에 보낸 아홉 편의 편지에 기록된 인사말을 다시 한 번 읽어보시기 바랍니다. 그는 '모든 성도들' 혹은 '거룩한 자들'(everyone saint or holy one)이란 말로 편지를 시작합니다. 그 다음에 (그들이 살고 있던 그 도시 이름과 그곳에 모이는) 에클레시아를 언급합니다. 바울의 편지를 받았던 사람들에겐 바로 그런 관점에서 '형제들'이란 이름이 부여되었던 것입니다.

아일라비스타에 모였던 그 작은 그리스도인 모임에 이름을 붙여주었던 것도 바로 그 지역(사람들)이었습니다. 알라비스타 정부가 알라비스타 지역의 지도를 만들면서 우리를 그렇게 부르기까지 우리는 우리가 그렇게 불리고 있다는 사실조차 전혀 모르고 있었습니다.

아일라비스타 정부는 그 지도 안에 표기된 도시의 각 빌딩마다 일괄적으로 번호를 부여했습니다. 그리고 지도 하단에는 그 번호에 해당하는 건물의 이름이 표기되었습니다. 1번은 우체국, 2번은 상점, 3번은 레코드가게, 4번은 까페, 5번은 아케이드… 그런 식이었습니다. 그렇게 이어지던 번호는 우리 그리스도인들이 모이던 빌딩 '엘 엠바카데로(El Embarcadero)'에 이르러 19번이 되었습니다. (후에 그 빌딩은 화제로 전소되었습니다.) 놀랍게도 알라비스타 정부는 그들이 알고 있는 우리, 사실은 우리 입술에서 흘러나간 바로 그 단어, 즉 우리가 무의식적으로 그리고 자발적으로 사용했던 바로 그 단어로 우리를 부르고 있었습니다. 우리가 우리를 표현했던 그 단어, 우리가 우리 자신을 지칭했던 그 단어는 "형제들 (그리고/또는) 자매들"이었습니다. 알라비스타 지역 지도의 하단 19번에 우리가 모였던 그 빌딩의 이름이 무엇이라 표기되어 있었을까요?!

"형제와 자매들."

부디, 예수 그리스도, 에클레시아, 형제와 자매들 같은 단어들이 여러분 입술에서 주로 흘러나오는 용어가 되기를! [20] 그리고 그 용어들이 입술의 언어만이 아닌 실제가 되는 그런 세계, 그런 공동체에서 살고 죽으시기를!

오래 전 1세기! 그 처음교회를 이끌었던 주인공들은 바로 여러분 형제들, 평신도들이었습니다. 그 형제들 모두가, 그리고 그와 똑같이 자매들 모두가 그들의 에클레시아를 짊어졌습니다!

부디 다시 한 번 그 일이 우리 안에서 재현되기만을!

---

20) 목사, 목사, 목사… 우리 목사님이 아닌! 역주.